Topos-Taschenbücher
Band 167

Heinz-Manfred Schulz

Was macht Gott den ganzen Tag?

Kinder fragen nach dem Glauben –
Eltern und Erzieher geben Antwort

Topos-Taschenbücher

© 1987 Matthias-Grünewald-Verlag, Mainz
Alle Rechte vorbehalten. 7. Auflage 1998
Reihengestaltung: Harald Schneider-Reckels und Iris Momtahen
Satz: Studio für Fotosatz, Ingelheim
Druck und Bindung: Clausen & Bosse, Leck

ISBN 3-7867-1279-4

Die auf dem Umschlag verwendete Zeichnung ist dem Buch
»Wie wir den Glauben als Freude erleben«, Das Kinderbuch zu
»Was macht Gott den ganzen Tag?« entnommen.

Inhalt

Vorwort 7

1 Sind Glaubensaussagen wandelbar?
Eine Einführung für den Erwachsenen 12

2 Jesus
In Jesus wird Gott sichtbar
Vorbemerkungen für den Erwachsenen 15
Fragen der Kinder und Antworten 21

3 Gott
Schwierigkeiten mit unserem Gottesbild
Vorbemerkungen für den Erwachsenen 33
Fragen der Kinder und Antworten 36

4 Bibel
Menschen machen Erfahrungen mit Gott
Vorbemerkungen für den Erwachsenen 51
Fragen der Kinder und Antworten 54

5 Glauben
In unserem Leben mit Gott rechnen
Vorbemerkungen für den Erwachsenen 60
Fragen der Kinder und Antworten 61

6 Gebet
Sich Gott zur Verfügung stellen
Vorbemerkungen für den Erwachsenen 66
Fragen der Kinder und Antworten 67

7 Messe – Gottesdienst
Sichtbare Freundschaft mit Gott und den Menschen
Vorbemerkungen für den Erwachsenen 72
Fragen der Kinder und Antworten 77

8 Leid
Verantwortung für das Leid
Vorbemerkungen für den Erwachsenen 84
Fragen der Kinder und Antworten 89

9 Tod
   Neues Leben bei Gott
   Vorbemerkungen für den Erwachsenen 94
   Fragen der Kinder und Antworten 95

10 Das Böse – Der Teufel
   Gott hat keinen Gegenspieler
   Vorbemerkungen für den Erwachsenen 101
   Fragen der Kinder und Antworten 102

11 Weltentstehung
   Naturwissenschaft und Bibel
   Vorbemerkungen für den Erwachsenen 106
   Fragen der Kinder und Antworten 109

12 Himmel
   Vollendung des Lebens
   Vorbemerkungen für den Erwachsenen 117
   Fragen der Kinder und Antworten 118

13 Engel
   Zeichen der Nähe und Liebe Gottes
   Vorbemerkungen für den Erwachsenen 121
   Fragen der Kinder und Antworten 122

14 Heilige
   Aus dem Geiste Christi leben
   Vorbemerkungen für den Erwachsenen 125
   Fragen der Kinder und Antworten 126

15 Feste und Zeichen der Kirche
   Den Glauben erleben
   Vorbemerkungen für den Erwachsenen 129
   Fragen der Kinder und Antworten 130

Schlußwort 136
Register 137

Vorwort

In der Kindertagesstätte unserer Gemeinde bringt ein Kind eine recht süßliche Darstellung der Kreuzigung Jesu mit. Es entsteht ein Streit. »Das ist der Jesus«, sagt ein Kind recht selbstbewußt. »Das ist doch der Gott«, meldet sich daraufhin ein zweites Kind. Schließlich kommt die versöhnliche Synthese eines dritten: »Ach, ihr wißt ja nichts. Das ist der Gott. Jesus ist doch nur sein Spitzname.« – Kinderlösung einer schwierigen theologischen Frage.
So ein Kindergespräch zeigt, wie ich als Gemeindepfarrer dazu komme, mich auf das Gebiet der Religionspädagogen und Fachtheologen zu begeben, wie ich es mit diesem Büchlein tue. Es sind gerade die Gemeindeerfahrungen, die mich dazu bewegen. Ich erlebe, wie der Religionsunterricht immer weniger den Anforderungen gerecht wird. Auch auf kirchliche Kindergärten kann man keine großen Hoffnungen setzen. Viele Kinder besuchen ja kommunale Einrichtungen, und die Kindergärtnerinnen fühlen sich oft auch gar nicht in der Lage, Glaubensantworten zu geben. Da werden die Eltern immer mehr die Verantwortung für den Glauben ihrer Kinder übernehmen müssen. Und zwar nicht nur, indem sie die Glaubensbereitschaft ihrer Kinder wecken. Sie müssen auch die »Familientheologen« sein, d.h. Rede und Antwort stehen auf Fragen nach dem Glauben.
Der Ausweg früherer Zeiten ist versperrt: »Frag doch mal die Lehrerin« oder »Frag mal die Schwester im Kindergarten«. Die Kirche betont daher diese Aufgabe neuerdings noch stärker als Aufgabe der Eltern. Sie verlangt von den Eltern bei der Taufe eine größere Bereitschaft, die Kinder im Glauben zu erziehen. Danach werden sie mit dieser Aufgabe aber weitgehend allein gelassen.

Immer wieder haben mich Eltern aus der Gemeinde auf diese Hilflosigkeit angesprochen. Sie spüren, daß die Antworten, die sie einmal im Kinder- oder Schulalter bekamen, heute nicht mehr ausreichen. Sie können sie so nicht weitergeben. Andere Antworten aber kennen sie oft nicht. Manchmal klammern sie deshalb das Gespräch über den Glauben ganz aus. So sagte mir eine Mutter, die durchaus gläubig ist, sie habe noch nie mit ihren Kindern (5 und 8 Jahre) über Gott gesprochen. Sie fühle sich dem einfach nicht gewachsen. Stellvertretend für viele mag folgender Brief gelten, den ich von einem Vater zweier kleiner Kinder bekam: »Das Bewußtsein und die Erfahrung, daß Kinder auch nur im Vorschulalter blindlings und bedingungslos das für unumstößliche Wahrheit nehmen, was ihnen von den Eltern gesagt wird – vorausgesetzt, daß das gegenseitige Verhältnis auch sonst auf Vertrauen und Wahrhaftigkeit beruht –, haben wir immer mehr als Belastung denn als Erleichterung empfunden. Die reformatorische Situation, in der unsere Kirche heute steht, entwertet zunehmend die Erfahrungen der eigenen Kindheit. Um so notwendiger ist eine neue Orientierung.«
Diesen Bitten versuche ich mit diesem Büchlein nachzukommen. Das tue ich um so lieber, als ich gerade aus unseren Kindergottesdiensten weiß, wie gern Kinder verständliche Erklärungen des Glaubens aufnehmen und wie sie von ihnen geprägt werden. Natürlich soll und kann man nicht so tun, als ob man alle Fragen lösen könne. Auch dem Glaubenden bleiben viele Fragen offen. Das sollte man auch Kindern gegenüber sagen. Vielleicht können aber die Ausführungen mehr Freude am Glauben wecken. Vielleicht wird die schöne Antwort eines 8jährigen Jungen aus unserer Gemeinde an seine Mutter dann öfters zutreffen. Er fragte seine Mutter: »Was ist ein Theologe?« Die Mutter gab ihm zur Antwort: »Ein Theologe ist jemand, der sich viel mit Gott beschäftigt hat und viel über Gott und unseren Glauben weiß.« Darauf der Junge nach kurzem Nachdenken: »Dann bin ich ja ein Theologe.«

Man könnte nun die Eltern auf die sicher sehr reichhaltige und ausgezeichnete theologische Literatur unserer Tage verweisen. Einmal fehlt dazu aber den meisten von ihnen die Zeit. Zum anderen sind die Veröffentlichungen so vielfältig und ohne theologische Ausbildung oft kaum aufzunehmen. Sie sind in einer wissenschaftlichen Fachsprache geschrieben, die den meisten nicht zugänglich ist. Nur wenigen Fachtheologen ist es gegeben, schwierige Gedanken einfach wiederzugeben. Nur wenige Fachtheologen begeben sich überhaupt an diese schwierige Aufgabe, die riskant ist und keinen wissenschaftlichen Ruhm verspricht. Diese Erfahrungen mußten wir in unserer Gemeinde machen, als wir ein Elternseminar zur Gottesfrage der Kinder veranstalten wollten. Es fanden sich keine Fachtheologen, die bereit waren, über dieses schwierige und riskante Thema zu sprechen.
Die Eltern brauchen dabei nicht nur eine Orientierung für sich selbst. Es muß ihnen auch geholfen werden, das Wissen für die Kinder zu übersetzen.
So gingen wir in unserer Gemeinde selbst an diese Aufgabe. Zunächst wurden alle Eltern, die Kinder im Alter von 3 bis 11 Jahren haben, angeschrieben. Sie sollten Fragen der Kinder notieren und sie mir zuschicken. Es kamen Fragen von etwa 250 bis 300 Kindern. Dann ordnete ich diese Fragen nach Themengebieten und ging an die Beantwortung. Dabei erwies es sich als notwendig, den eigentlichen Antworten an die Kinder Vorbemerkungen für die Erwachsenen voranzustellen. Es sind gewissermaßen Hintergrundinformationen; denn die Eltern verbinden vielfach noch ganz andere Vorstellungen mit den verschiedensten religiösen Begriffen. Darauf folgen die Antworten an die Kinder.
Ich bin mir dabei völlig des Risikos bewußt, das einmal darin liegt, komplizierte theologische Sachverhalte in kurzer und prägnanter und dazu noch für Kinder verständlicher Form weiterzugeben. Sicher würde ein Fachtheologe das alles umfassender, dafür aber wohl auch unverständlicher ausdrücken. Die Gefahr erscheint mir aber gering gegenüber der

Alternative, Eltern einfach in ihrer Aufgabe allein zu lassen. Ein Risiko liegt auch in dem Frage-und-Antwort-Spiel, das hier verwendet wird. Es erinnert an den alten Katechismus und birgt die Gefahr, die vorgeformte Antwort einfach zu übernehmen oder gar den Kindern einfach vorzulesen. Man könnte auch auf den Gedanken kommen, es den Kindern zum Lesen selbst in die Hand zu geben. So ist es nicht gedacht! Die Antworten sollen den Eltern und Erziehern nur helfen, ein eigenes Gespräch mit den Kindern zu führen. Sie wollen Material und Formulierungen für dieses Gespräch bereitstellen. Selbstverständlich müssen die Antworten je nach der Frage und dem Verständnishorizont des Kindes verändert werden. Manchmal wurde auch ein wenig mehr in eine Antwort hineingelegt, um Wesentliches nicht auszulassen. Dann müßte man auswählen.
Die Frage- und Antwortform wurde hier gewählt, weil die Fragen nun einmal wörtlich so von den Kindern kamen. Zum anderen konnte man sich dadurch nicht um eine konkrete Antwort herumdrücken. Es wäre sicher leichter gewesen, nur die grundsätzliche Richtung der Antwort anzudeuten. Aber damit wäre den Eltern nicht geholfen. Sie müssen ja ihren Kindern in direkter Rede Antwort geben. Gerade darin liegt oft die Schwierigkeit. So wollte auch ich mich nicht davor drücken.
Es ist nicht daran gedacht, diese Antworten wahllos an die Kinder heranzutragen. Manche Antwort kann – zu früh oder am falschen Platz gegeben – eher verwirren. Aber wenn die Kinder kritische Fragen stellen, dann darf man auf keinen Fall ausweichen.
Dabei ist es angebracht, zuerst das eigene Denken des Kindes anzuregen, ehe man seine Antwort versucht. Man könnte etwa fragen: »Wie denkst du denn darüber?« Kinder haben oft wesentliche und originelle Gedanken. Von da aus kann man dann weitergehen.
Übrigens ist es keine Schande zu sagen: »Das weiß ich nicht!« Im Gegenteil! Die Kinder sollen durchaus spüren, daß das

Leben mit Gott nicht überall glatt aufgeht. Sie sollen erkennen, daß Gott in unseren Aussagen und mit unserem Denken nur schwer zu erfassen ist.

Alle Antworten wurden mit Elternkreisen der Gemeinde durchgesprochen und auf ihre Brauchbarkeit für die Kinder untersucht. So hoffe ich, daß das Buch vielen Eltern eine Hilfe sein kann bei ihrer schönen, aber gerade in unserer Zeit nicht leichten Aufgabe, Glaubensverkünder und Religionslehrer ihrer Kinder zu sein.

Zum Schluß möchte ich allen Eltern und Kindern unserer Pfarrgemeinde herzlich danken, die mit ihren Fragen und zum Teil auch mit ihren Antworten dieses Buch ermöglichten. Auch für die Diskussion der fertigen Antworten bin ich unserer Gemeinde sehr dankbar.

1 Sind Glaubensaussagen wandelbar?

Eine Einführung für den Erwachsenen

Das Problem, das mit dieser Frage aufgeworfen ist, ist alt und neu zugleich.
Alt ist es, weil wir schon in der ersten Zeit der apostolischen Verkündigung darauf stoßen; denn schon in der Heiligen Schrift versuchen die Verkünder des Glaubens ihn so auszusprechen, daß die Hörer ihn in ihrer Sprech- und Denkweise verstehen können.
Neu ist es, weil es sich in unserer Zeit in vielleicht noch nie dagewesener Schärfe stellt. Wir haben eine Zeit ungeheurer Veränderungen erlebt. Über viele Jahrhunderte hin, in denen sich die Kirche entfaltet hatte, waren doch viele Grundauffassungen, das Weltbild gleich geblieben. Man verstand eine Sprache, blieb im Verstehenshorizont einer recht einheitlichen Gesellschaft. Man formulierte auch den Glauben in diesem Weltbild, zum Teil sogar in ausdrücklichen Lehrsätzen, Dogmen genannt. Man war natürlich der Auffassung, damit Endgültiges gesagt zu haben. Man konnte sich ja eine grundsätzliche Veränderung von Weltbild und Gesellschaft auch gar nicht vorstellen. Dazu kam, daß man zur Formulierung des Glaubens auch die Philosophie zu Hilfe nahm.
Von den großen Veränderungen der Geschichte wurden aber nun auch Weltbild, Gesellschaft und Philosophie betroffen. Die Sprachen, in denen der Glaube in früheren Jahrhunderten ausgedrückt worden war, verstand man nicht mehr. Oder man verstand sie ganz anders, und es mußte zu Mißverständnissen führen, wenn man an den alten Formulieren festhielt. So hatte schon Kardinal Newman gesagt, man müsse manchmal etwas ändern, um sich treu zu bleiben. Man begriff stärker die Geschichtlichkeit auch der Glaubensaussagen. Sie

sind immer nur der Versuch, die Wahrheit, die Gott selbst ist, in menschliche Worte zu fassen. Das geschieht aber, und kann gar nicht anders geschehen, als in den Vorstellungen, Bildern, Begriffen, bezogen auf die Fragestellungen und in dem Denken der jeweiligen Zeit. Dabei hat aber jede Zeit auch nur einen Blick für bestimmte Aspekte, während sie für andere blind ist. Außerdem lieh die Philosophie einer Zeit nicht nur ihre Worte und Begriffe, um den Glauben auszudrücken, sondern mit der Sprache der Philosophie drang auch immer etwas von ihren Vorstellungen in den christlichen Glauben ein. So kam z.B. von den Griechen das statische Denken ins Christentum ganz im Gegensatz zum geschichtlich dynamischen Denken der Heiligen Schrift. Es kamen dualistische Vorstellungen der Griechen hinein mit ihren Gegensätzen von leiblich und geistig, göttlich und irdisch, gegenüber dem ganzheitlichen Denken der Bibel. Es kam das rechtliche Denken der Römer in die Glaubenstradition gegenüber dem so gar nicht in Rechtskategorien denkenden Jesus. All das und vieles andere mehr half nicht nur den Glauben für die Menschen verständlicher auszudrükken, sondern überlagerte ihn auch. So wurde das Christentum mehr und mehr zu einer Lehre, ja man entwickelte mit der Zeit ein ganzes Lehrgebäude. In der Bibel aber war es keine Lehre, sondern Leben gewesen. Wahrheit war für die Schrift nicht etwas, was gelernt werden kann, sondern etwas, das getan werden muß.

Aus all den Erkenntnissen lernte man, in den Glaubensaussagen zu unterscheiden zwischen der zeitgebundenen Einkleidung und dem bleibenden Kern. Manch einer mag vielleicht einwenden: Aber Gott wandelt sich doch nicht. Das ist richtig. Gott bleibt derselbe. Aber der Mensch wandelt sich, und in den Dogmen haben wir Gott ja nicht, wie er an sich ist, sondern das Reden von Gott, und das muß – wie der Mensch – zeitgebunden sein.

Man sagt nun wiederum, es sei doch ein Risiko, die alte Glaubenswahrheit neu auszusagen. Das ist es sicher. Aber Chri-

stentum ist ohne Risiko nicht möglich. Oder ist es kein Risiko, wenn die Wahrheit in den alten Formen nur wiederholt wird, sie aber keiner mehr versteht? Der Glaubensinhalt, die Offenbarung muß doch beim Menschen ankommen, damit er seine Antwort geben kann. Unverändert bewahrt nur das Museum. Dort aber ist kein Leben mehr!
So hatte ja auch Jesus die Sprache, die Vorstellungen und die Bilder seiner Zeit benutzt. Als die Apostel aber in die griechisch sprechende Welt kamen, sagten sie den Glauben für diese Menschen neu aus. Sie benutzten nun das Denken, die Sprache und die Vorstellungen der Griechen, um sich verständlich zu machen. Beide Aussageweisen finden sich schon in der Schrift. Auch als die Germanen bekehrt wurden, ging man in der Verkündigung auf deren Denken ein. Über die Jahrhunderte des Mittelalters lebte man dann in einer recht homogenen Welt. Man sprach im Grunde eine Sprache. Als dann zur Zeit der Reformation wieder vieles in Bewegung kam, trat als Gegenreaktion auf katholischer Seite eine Verfestigung ein. So traf die Neuzeit mit ihren vielen Veränderungen auf eine Kirche, die starr geworden war, die die Beweglichkeit ihres Beginns verloren hatte. So kam es zu einer immer größeren Entfremdung zwischen der Sprache der Kirche und den Lebenserfahrungen der Menschen. Erst als Papst Johannes XXIII. und das Zweite Vatikanische Konzil diese Starre der Kirche überwanden, da konnten neue Aktivitäten frei werden, konnte neu der Versuch beginnen, den Glauben auch für unsere Zeit neu auszusagen, nicht um ihn zu ändern, sondern gerade um ihn zu bewahren. Christen, die das nicht mehr in der Kirche gewöhnt waren, fiel es schwer, sich darauf umzustellen. Wir müssen es aber schon um der Kinder willen tun; denn sie leben noch weniger in der Welt von gestern.

2 Jesus

In Jesus wird Gott sichtbar

Vorbemerkungen für den Erwachsenen

Jesus ist nach wie vor die faszinierendste Gestalt der Weltgeschichte. Nach 2000 Jahren ist er noch ganz aktuell, wie damals begeistern sich für ihn Menschen, während ihn andere ablehnen; scheiden sich an ihm die Geister. Wir wollen auch den Kindern ein gutes und richtiges Jesusbild vermitteln.
Es gibt zunächst zwei Möglichkeiten, Jesus zu entstellen: die eine Auffassung – gerade frommer Leute – entstellt ihn, indem sie ihn ganz vergöttlicht. Von seinem wahren Menschsein bleibt da nicht mehr viel übrig. Er ist dann ein Gott, der durch diese Welt wandelt. Dazu hat er sich das Menschsein nur wie ein Kleid übergestreift. Man schreibt ihm dann alle Eigenschaften Gottes zu, so etwa die Allwissenheit, die Allmacht und die glückselige Schau Gottes. Damit verstößt man aber gegen das Jesusbild der Bibel. Dort wird Jesus als wirklicher Mensch gezeigt, ausgenommen die Sünde. Es wird ja, z.B., berichtet, daß er »zunahm an Alter und Weisheit und Gnade vor Gott und den Menschen« (Lk 2,52), daß er den Zeitpunkt des Weltendes nicht kennt (Mk 13,32) und daß er am Kreuz ausruft: »Mein Gott, mein Gott, warum hast du mich verlassen?« (Mt 27,46). So ist er also ein wahrer Mensch.
Als wirklicher Mensch ist er aber von Gott durchdrungen und wird sich dieser Sendung im Laufe seines Lebens bewußt. Die totale Vergöttlichung Jesu verstößt auch gegen die Lehre der Kirche. In Abgrenzung gegen falsche Auffassungen hat sie beispielsweise im Konzil von Chalzedon im Jahre 451 gelehrt: »Jesus Christus ist wahrer Gott und wahrer

Mensch.« Das wirkliche Menschsein Jesu gerät auch in Gefahr, wenn man in ihm in der Hauptsache den großen Wundertäter sieht. Die Kinder nennen es auch den Zauberer, der alles kann. Dieser Gefahr erlagen schon die sogenannten »apokryphen Evangelien«. Es sind Schriften über Jesus, die von der Kirche aber nicht als echte Evangelien anerkannt worden sind. Sie halten sich hauptsächlich bei den Wundertaten auf. Sie sprechen sogar schon dem Kind Jesus beim Spiel große Wunder und Zaubertaten zu. Nach der Heiligen Schrift sind die Wunder Jesu aber keine Taten eines unbegrenzten Zauberers. Sie sind Zeichen, in denen Jesus seine Sendung andeutet. Sie zwingen niemand zur Zustimmung. Sie überrannten die Menschen nicht; denn trotz der vielen Zeichen glaubten viele Juden nicht. Jesus forderte den Glauben als Voraussetzung der Wunder. Nur im Glauben erkannte man in seinen »Zeichen« das Wirken Gottes.
Eine zweite Gefahr, Jesus zu entstellen, besteht darin, in ihm nur den Menschen zu sehen. Jesus wird da der »humane« Mensch, der vorbildliche Mensch der guten Taten, den man nachahmen soll. Die Wunderzeichen werden da möglichst ganz unterschlagen. Sie passen nicht in das Bild vom bloßen Menschen Jesus. Auch hier zeigt die Schrift und der Glaube der späteren Kirche ein anderes Jesusbild. In dem Menschen Jesus Christus ist Gott in einzigartiger Weise gegenwärtig. Gott erfüllt und durchherrscht diesen Menschen Jesus so sehr, daß man ihn mit Recht »Sohn Gottes« nennen kann. Allerdings ist dieser Ausdruck sehr mißverständlich. Allzuschnell stellt man sich »Sohn« nach menschlicher Weise und menschlicher Zeugung vor. Im Johannesevangelium (10, 33—36) heißt es auf den Einwand der Juden: »Nicht eines guten Werkes wegen steinigen wir dich, sondern der Lästerung wegen, weil nämlich du, der du ein Mensch bist, dich selbst zu Gott machst«, als Antwort Jesu: »Steht nicht in eurem Gesetz geschrieben: Ich habe euch gesagt: Ihr seid Götter. Wenn es jene Götter nannte, an die das Wort Gottes erging — und wenn die Schrift nicht außer Geltung kommen kann, wie

wollt ihr von dem, den der Vater geheiligt hat, sagen: Du lästerst, weil ich sagte: Ich bin Gottes Sohn.«
Hier wird deutlich, daß »Sohn Gottes« bedeutet, vom Vater »geheiligt sein«, erfüllt sein. So wie Gott uns seine Freundschaft anbietet, so hat er sich mit dem Menschen Jesus in einzigartiger Weise vereinigt, verbunden, war er in ihm in einzigartiger Weise gegenwärtig. Das wollen auch die Wunderberichte ausdrücken. Sie wollen auf das »Mehr« in Jesus hinweisen. Gegen alle, die Jesus nur zu einem vorbildlichen Menschen machen wollen, müssen wir mit der Schrift und dem Glauben der Kirche daran festhalten: In dem Menschen Jesus tritt Gott uns mit seinem Anspruch gegenüber.
Schwierigkeiten haben Kinder auch, mit dem Nebeneinander von Gott und Jesus fertig zu werden. Es muß ihnen deutlich gemacht werden, daß der unsichtbare Gott sich für uns in einem Menschen sichtbar gemacht hat. So können wir überhaupt nur von diesem Menschen Jesus her sagen, wer Gott ist. Jesus ist nicht ein zweiter Gott, das ist entscheidend den Kindern klarzumachen, sondern das Sichtbarwerden des einen Gottes für uns Menschen.
Ebenso problematisch ist für Kinder der Kreuzigungstod Jesu. Früher hat man ihn oft vom Opfergedanken her erklärt. Man bediente sich der sogenannten Satisfaktionstheorie. Danach war Gott durch die Sünde der Menschen so erzürnt, daß er Genugtuung haben mußte. Da die Menschen diese Genugtuung nicht leisten konnten, habe sich sein Sohn bereit erklärt, durch seinen Tod Genugtuung für die Menschen zu leisten, um uns so vom Zorn des Vaters zu erlösen.
Diese Erklärungsweise bringt in ihrer stark vermenschlichenden Art viele Mißverständnisse mit. Einmal kann sie zu einem schrecklichen, heidnischen Gottesbild verleiten. Gott ist da der Zornige, Erzürnte, der nur durch Opfer besänftigt werden kann. Es sieht so aus, als ob Blut fließen muß, um diesen Gott zu besänftigen. Deshalb scheint er selbst vor seinem eigenen Sohn nicht zurückzuscheuen. Dies Gottesbild stimmt aber ganz und gar nicht mit dem Gottesbild des

Neuen Testamentes überein. Da ist Gott ein Gott der Liebe, den nichts von dieser Gesinnung abbringt. Höchstens die Menschen können sich dieser Liebe entziehen.
Erlösung wird in dieser sehr mißverständlichen Erklärungsweise dann leicht zu einem magisch verstandenen Ereignis. Allein durch das Blutfließen scheint die Schuld gesühnt und der Weg zum Himmel wieder frei, wie man das früher formulierte.
Wie kann man heute versuchen, das Geheimnis des Kreuzestodes Jesu zu erklären?
Gott wollte nicht eigentlich den Tod seines Sohnes. Er wollte sein Leben aus der Liebe. Die Menschen hatten sich in der Sünde seiner Liebe entzogen. Sie waren in der Bosheit, im Egoismus befangen. Durch das Leben seines Sohnes aus Liebe sollten sie sich nun vom Egoismus, von der Sünde, von der Bosheit befreien lassen. Wenn sie das getan hätten, hätte Jesus nicht den schrecklichen Tod sterben müssen. Aber die Prophezeiungen des Alten Testamentes hatten es schon vorausgesehen, daß die Menschen einen guten Menschen, ganz voll Liebe, nicht ertragen würden. Die Menschen waren so in ihr »Ich« verkrampft, daß sie die menschgewordene Botschaft der Liebe nicht mehr begriffen. Sie lehnten sie ab, ja töteten sie. Sie wollten den lebendigen Vorwurf loswerden (siehe das Gleichnis von den Winzern, die den Sohn des Eigentümers töten: Mk 12,6−8).
Nun blieben aber Gott und sein Jesus bei der Liebe. Wir Menschen schalten in solchen Situationen dann um. Wenn wir es mit jemand im Guten versucht haben und zu keinem Erfolg gekommen sind, dann sagen wir: »Ich kann auch anders!« oder »Nun werden andere Saiten aufgezogen!« Gott tut das nicht und kann das nicht!
Er ist so sehr die Liebe, daß er auch durch die Ablehnung der Menschen nicht zu einer anderen Handlungsweise gebracht wird. Nicht einmal durch die Tötung seines Sohnes. Ja, Gott und sein Sohn Jesus machen nun geradezu den Tod am Kreuz zum Zeichen ihrer Liebe. Gott sagt zu den Menschen:

»Wenn euch schon ein Leben aus Liebe nicht geändert hat, vielleicht öffnet euch der gewaltsame Tod des besten Menschen, den es je auf der Erde gab, die Augen! Seht den Menschen! Seht, wohin ihr gekommen seid, und ändert euch!« Diese theologische Meinung drückten die Christen früherer Zeiten in der Darstellung des sogenannten Gnadenstuhles aus. Gott hält den Menschen seinen gekreuzigten Sohn hin, um sie zu wandeln. Also nicht wir halten Gott den Gekreuzigten hin, um Gott zu besänftigen und so der Strafe zu entgehen. Gott hält uns seinen Sohn vor. Nicht Gott, wir bedürfen der Änderung. So ist der Tod Jesu die letztmögliche Solidarität Gottes mit den Menschen, um so Ausweg und Hoffnung zu zeigen.

Eine weitere Frage, die Kummer bereiten kann, ist die nach der Jungfräulichkeit Mariens. Vergangene Zeiten sahen in der Lehre von der Jungfräulichkeit Mariens eine biologische und eine theologische Aussage. Einmal sahen sie darin die Tatsache, daß Maria ohne Mitwirkung eines Mannes ihr Kind empfangen hat (biologische Aussage). Daneben sahen sie aber darin gerade den Glauben ausgedrückt, daß ihr Kind wirklich Sohn Gottes war und Maria in jungfräulicher Offenheit ihr Ja zu Gott sprach (theologische Aussage).

Heute gibt es nicht wenige Theologen, die sagen, ein Dogma wolle doch keine biologischen Tatsachen lehren, sondern Glaubenswahrheiten.

Die biblisch-jüdische Erwartung kannte zudem keine Erwartung einer jungfräulichen Geburt des Messias. Die Griechen aber kannten die jungfräuliche Geburt in ihren Mythologien.

Als nun die Boten des Evangeliums in das Gebiet der Griechen kommen, versuchen sie deren Bilder und Vorstellungen bei der Verkündigung des Evangeliums zu benutzen und die Glaubenswahrheit darin einzukleiden. Die jungfräuliche Geburt sollte da besagen – nach dem Bild, das den Griechen bekannt war –: dieses Kind ist kein gewöhnlicher Mensch, sondern in ihm ist Gott gegenwärtig. Erst so ver-

steht man die ganze Bedeutung der biblischen Aussage von der Jungfräulichkeit. Auch wer die biologische Jungfräulichkeit annimmt, müßte doch diesen theologischen Gehalt als das Wesentliche ansehen. Wem aber diese biologische Jungfräulichkeit große Schwierigkeiten bereitet, den sollte man nicht zu diesem Bild zwingen, wenn er nur die Glaubensaussage dieses Bildes bejaht. Die Aussageformen können sich wandeln, der Glaubensinhalt bleibt. Haben wir ein Recht, Glaubensentscheidungen an Zweitrangigem zu verlangen? Ist es zu verantworten, das »Ärgernis des Glaubens« schon an Bildern nehmen zu lassen, statt an der zentralen Wahrheit des Glaubens? Und noch etwas: auch wer die biologische Jungfräulichkeit annimmt, der dürfte nie heidnische Vorstellungen damit verbinden. Das Heidnische wäre aber, wenn er annähme, in Jesus könne Gott nicht in dieser Welt erschienen sein, wenn er von einem menschlichen Elternpaar auf normalem Wege gezeugt sei. Dann würde er nämlich nach heidnisch mythologischer Weise Gott auf die Ebene des menschlichen Geschlechtspartners stellen. So haben das die Heiden sich bei ihren Göttern vorgestellt. Die Wirksamkeit Gottes, d.h. das, was Jesus zum Sohn Gottes macht, geschieht auf einer ganz anderen Ebene. Diese Wirksamkeit wird nicht verhindert, wenn der Mensch Jesus auf menschliche Weise gezeugt wäre.
Nicht leicht begreifbar – und nicht nur für Kinder – ist auch die Frage nach der Auferstehung. Immer wieder verbinden sich damit falsche Vorstellungen. Man meint, Auferstehung sei Wiederbeleben des toten Körpers. Dann tauchen Probleme auf. So sagte mir eine Frau, sie mache sich große Gewissensbisse. Sie habe den Leichnam ihres verstorbenen Sohnes einäschern lassen. Nun heiße es aber doch in unserem Glaubensbekenntnis: »die Auferstehung des Fleisches«. Ob ihr Sohn nun davon ausgeschlossen sei? Auferstehung heißt aber nicht Wiederbeleben eines toten Körpers. Auferstehung bedeutet nicht Rückkehr in dieses Leben, auch nicht einfach Verlängerung dieses Lebens. Es ist ein Neube-

ginn in Gott. Der Mensch lebt in einer ganz anderen, für uns nicht vorstellbaren Seinsweise. Dazu braucht er aber keine Materie im irdischen Sinn und schon gar nicht die des toten Körpers. Paulus versucht das schon seiner Gemeinde in Korinth klarzumachen (1 Kor 15, 35 ff.).

Fragen der Kinder und Antworten

»Wer ist Jesus?« (Chr. 3 1/2 Jahre)

Jesus ist ein Mensch, der vor vielen, vielen Jahren gelebt hat. Gott hatte ihn uns geschickt: denn er sollte uns von Gott erzählen und uns Menschen sagen, wie gut wir miteinander leben sollen. In ihm wollte uns Gott besonders nahe sein.

»Was hat er gemacht?«

Er hat den Menschen gesagt, daß Gott sie alle sehr lieb hat. Deshalb ist er auch besonders zu den Menschen gegangen, die keiner recht leiden konnte oder die allein oder krank waren. Zu ihnen war er besonders lieb und freundlich und hat ihnen geholfen.

»Wie sieht das Christkind aus?« (H. 4 Jahre)

Wenn wir vom Christkind reden, dann meinen wir, daß Jesus – wie alle Menschen – damals als kleines Kind geboren wurde. Und da man ihn außer Jesus auch noch Christus nennt, sprechen wir auch vom Christkind. Wir könnten auch Jesuskind sagen. Er hat wie alle Kinder ausgesehen. Seine Mutter Maria und sein Vater Josef haben ihn sehr liebgehabt. Aber sie waren arm, wie die meisten Leute damals in Palästina. So ist er in einer Höhle zur Welt gekommen. So lebten damals die armen Leute.

»Warum kann ich das Christkind nicht sehen?«

Das war ja schon vor vielen, vielen Jahren. Das Christkind ist dann groß geworden. Nun ist Jesus aber schon lange nicht mehr sichtbar auf der Erde. Er ist zu Gott heimgegangen, der ihn uns geschickt hatte. Aber wir erinnern uns immer noch an diesen Jesus, der uns so viel Wichtiges gesagt hat über Gott und über die Menschen. Er hat uns ja auch die Freundschaft mit Gott gebracht. Deshalb feiern wir in jedem Jahr an Weihnachten seinen Geburtstag.

»Warum ist denn da ein Mann daran?« (D. 4 Jahre)
   (beim Anblick des Kreuzes)

Das ist Jesus. Er war ein Mann, den Gott uns geschickt hatte. Er hat vor vielen Jahren gelebt. Er wollte den Menschen von Gott erzählen und ihnen sagen, daß sie gut zueinander sein sollen. Das hat manchen Menschen nicht gefallen. Sie wollten nicht glauben, daß Gott ihn geschickt hat. Sie wollten sich auch nicht zum Guten ermahnen lassen. Das hat sie geärgert. Deshalb haben sie ihn getötet.

»Warum haben die bösen Menschen Jesus ans Kreuz genagelt. Er hat ihnen doch nichts getan?« (A. 3 1/2 Jahre)

Ja, er hat ihnen nichts Böses getan. Da hast du recht. Aber er hat den Menschen gesagt, daß Gott mit ihnen nicht zufrieden ist. Er hat ihnen gesagt, daß sie oft böse sind. Das hat sie geärgert. Und weil sie ihm nicht recht glauben wollten, daß er

von Gott kam, dachten sie sich: wenn wir ihn töten, dann sind wir den lästigen Mahner los. Wir wollen ihn nicht mehr hören!
(Die Bemerkung eines 5jährigen Jungen auf das nähere Ausmalen der Leidensgeschichte hin: »Aber das ist mir zu scheußlich! Das will ich nicht hören!« sollte uns klarmachen, daß man Kindern in diesem Alter nicht die Leidensgeschichte bis ins einzelne erzählen soll.)

»Warum betet man zu Jesus und nicht zu Gott allein?«
(Chr. 3 1/3 Jahre)

Jesus war nicht ein Mensch wie wir alle. Er war ein besonderer Mensch. Da wir Gott nicht sehen können, hat sich Gott für eine Zeitlang in einem Menschen sichtbar gemacht. Dazu hat er sich Jesus ausgesucht. Durch ihn sprach Gott zu uns. Mit seinem Tod ist Jesus zu Gott heimgegangen. Deshalb können wir auch zu ihm beten. In ihm ist uns ja so recht klargeworden, wie lieb uns Gott hat.

»Mutti, wenn der liebe Gott im Himmel ist und am Himmelfahrtstag der Jesus zum Himmel fuhr, dann müssen wir doch zwei Götter im Himmel haben und nicht nur einen?«
(B. 6 Jahre)
»Mutti, der Gott ist im Himmel und der Jesus ist von den Toten auferstanden und in den Himmel aufgefahren. Wen beten wir denn nun an? Den Toten oder den Vater des Toten?«
(M. 7 Jahre)

Es gibt nur den einen Gott. Aber weil Gott für uns nicht sichtbar ist, hat er sich in einem Menschen für eine Zeitlang sichtbar gemacht. Dieser Mensch war Jesus. Nachdem er den Auftrag Gottes an den Menschen erfüllt hatte, ist er zu Gott heimgekehrt. Es gibt auch jetzt nur den einen Gott. Wenn wir den gestorbenen und auferstandenen Jesus anbeten, dann beten wir damit doch diesen Gott an, der uns Jesus geschickt hat, der uns in Jesus für eine Zeitlang sichtbar geworden ist.

»Warum hat Gott Jesus auf die Erde gebracht?« (S. 8 Jahre)

Gott sah, daß die Menschen nicht so lebten, wie er sich das gedacht hatte, als er sie erschuf. Sie waren oft böse und brachten viel Leid über andere Menschen. Deshalb wollte er ihnen helfen, besser zu werden. Da Gott aber für uns Menschen nicht sichtbar ist, wollte er sich in einem Menschen für uns sichtbar machen. Durch Jesus konnte er zu uns Menschen sprechen, konnte er von sich erzählen, wie sehr er die Menschen liebhat und wieviel ihm an jedem von uns liegt. Viele Menschen hatten damals ein falsches Gottesbild. Sie konnten sich Gott nur sehr streng vorstellen. Manche Heiden dachten sogar, die Götter seien neidisch auf die Menschen. Jesus zeigte nun, wie Gott wirklich ist. Durch Jesus konnte Gott uns auch sagen, wie wir Menschen miteinander umgehen sollten, damit es schöner ist auf dieser Welt, und die Menschen miteinander glücklich werden. Das Böse bringt nämlich viel Leid und Trauer über die Menschen. Durch Jesus konnte er das den Menschen nicht nur sagen. Er konnte es ihnen durch Jesus auch vorleben. Jesus konnte durch seine Liebe gerade zu den Menschen, die sonst keiner recht leiden konnte, zeigen, daß Gott jeden liebt, besonders die Armen, Kranken und Zurückgestoßenen. Jesus konnte uns erklären, wie sehr wir die Freundschaft mit Gott brauchen, um gut zu sein. Er konnte uns vormachen, wie wir anderen verzeihen sollen, auch wenn sie uns etwas Böses getan haben. Sonst entsteht ein endloser Streit, der alle Beteiligten traurig und unglücklich macht. Jesus sagte uns auch, daß Gott uns verzeiht, wenn wir einsehen, daß wir böse waren und es besser machen wollen. Schließlich konnte er uns noch sagen, daß

Gott uns im Tode zu sich nimmt; damit wir dann für immer mit ihm glücklich sind. All das und vieles andere mehr verdanken wir Jesus. War es da nicht gut, daß Gott Jesus auf die Erde gebracht hat?

»Warum ist Gott nicht selbst gekommen?« (C. 9 Jahre)

Gott ist ja selbst gekommen. Nur mußte er sich für uns sichtbar machen. Wie sollten wir sonst hören, was er uns zu sagen hat? Wie sollten wir sonst sehen, was er uns vorlebt? Er wollte uns ja doch zeigen, wie gut Gott ist und wie gut wir Menschen zueinander sein sollen. Deshalb hat er sich in einem Menschen sichtbar gemacht, in Jesus Christus – Jesus ist für uns Gott, der in menschlicher Gestalt sichtbar geworden ist.

»Warum wurde Jesus gekreuzigt?« (Cl. 10 Jahre)

Jesus stellte den Menschen gegenüber den Anspruch, daß Gott ihn gesandt hat, ja, daß Gott in ihm den Menschen sichtbar geworden war. Das wollten ihm viele Menschen nicht glauben. Sie sagten: »Das kann nicht sein! Das gibt es nicht!«, und als dieser Jesus ihnen nun auch noch sagte, wie falsch und schlecht sie lebten, da war für sie das Maß voll. Sie sagten: »Der Mensch muß weg; denn einmal behauptet er, daß Gott in ihm zu uns gekommen ist, und dann kritisiert er uns auch noch dauernd.« Die Führer des Volkes waren sicher auch neidisch auf Jesus, weil das Volk Jesus anhing und ihm nachlief. Jesus war ja auch gut zu dem Volk. Deshalb machten sie zuerst das Volk von Jesus abspenstig. Sie drohten den Menschen, wenn sie weiter zu Jesus halten würden. Sie hatten einen ganz anderen Retter des Volkes erwartet: einen mächtigen König, der über ein großes Reich regiert und alle Feinde vertreibt. Diesen Jesus aber, der nur aus Güte und Liebe handelte und sie tadelte, wollten sie nicht.

»Warum hat Jesus sich so quälen lassen und sich nicht gewehrt?«
(N. 8 Jahre)

Jesus wollte keine Gewalt anwenden. Als Petrus das Schwert ziehen will, um Jesus zu verteidigen, da verbietet Jesus ihm das. Er war ja von Gott geschickt worden, um uns Menschen zu zeigen, wie gut Gott ist und wie gut wir deshalb auch zueinander sein sollen. Die Menschen hätten das an Jesus erkennen sollen, um dann ihr Leben zu ändern. Sie hätten vielleicht gesagt: »Ja, so wie Jesus müßten wir auch leben. Wir wollen es versuchen. Gott ist gut zu uns. Da wollen wir auch zueinander gut sein. Dann ist es viel schöner auf dieser Erde. Dann können alle viel glücklicher sein.« So wären dann die Menschen durch das gute Leben Jesu von ihrem bösen Tun befreit worden. Aber die Menschen wollten nicht von ihrem bösen Tun lassen. Deshalb wollten sie Jesus töten, damit der unbequeme Mahner weg war.

Jesus war so voll Liebe, daß er sich auch durch die Ablehnung der Menschen nicht von seiner Liebe abbringen ließ. Auch Gott läßt sich ja durch unser böses Verhalten nicht dazu bewegen, uns ebenso böse zu vergelten. Jesus wollte gut bleiben, selbst wenn die Menschen böse zu ihm waren. Er wollte und konnte nicht Böses mit Bösem vergelten. Er wollte den Menschen sagen und zeigen: Wenn euch schon mein Leben voll Güte und Liebe nicht von eurem bösen Tun abgebracht hat, dann werdet ihr hoffentlich doch über eure Bosheit erschrecken, wenn ihr mich getötet habt. Deshalb hat Jesus sich nicht gewehrt.

Und tatsächlich haben ja seither viele Menschen durch den Tod Jesu eingesehen, wie böse Menschen sein können und wie gut Gott ist. Sie haben sich deshalb bemüht, ihr Leben zu ändern.

»Warum hat Jesus nicht gemacht, daß es ihm nicht wehtat, als er am Kreuz hing?« (P. 8 Jahre)

Jesus war wirklicher Mensch. Deshalb spürte er die Schmerzen genauso wie jeder von uns. Gott wollte ja in Jesus wie alle Menschen leben, ausgenommen nur die Sünde. Wenn Jesus keine Schmerzen hätte spüren können, wäre er kein wirklicher Mensch gewesen. Dann hätte er den Menschen auch nicht viel sagen können. Sie hätten dann geantwortet: »Du hast leicht reden. Du empfindest auch nicht Leiden und Schmerzen wie wir!«

»Wie bekam Maria Gottes Sohn?« (L. 8 Jahre)
»Wenn Jesus sein Vater Zimmermann war, dann kann er ja nicht zur gleichen Zeit Gott sein?« (St. 9 Jahre)

(Wer die Lehre über die Jungfräulichkeit Mariens auch als Aussage über die körperliche Jungfräulichkeit nimmt, der müßte antworten:)
Maria bekam ihren Sohn durch die Wunderkraft Gottes, ganz anders als das sonst bei Menschen der Fall ist. Sonst zeugen ja Vater und Mutter das Kind. Deshalb ist Josef auch nur der Pflegevater von Jesus.
(Wer die Lehre von der Jungfräulichkeit Mariens als Glaubensaussage nimmt und nicht als biologische Mitteilung, der müßte antworten:)
Maria bekam ihren Sohn wie alle Mütter ihr Kind empfangen. Aber Maria und Josef konnten nur den Menschen Jesus zur Welt bringen. Gott aber bewirkte, daß er in diesem Menschen Jesus gegenwärtig war. So wollte er für die Menschen sichtbar werden. Er hatte sich diesen Menschen Jesus ausgesucht, um durch ihn zu den Menschen zu sprechen. Er wollte ihnen auch vorleben, wie gut Gott ist, und wie sie miteinander umgehen sollten.

»Warum hat Judas Jesus verraten?« (P. 8 Jahre)

Wir wissen es nicht ganz genau. Aber aus der Heiligen Schrift kann man entnehmen, daß Judas von Jesus mehr Reichtum, mehr Glanz und Macht erwartet hatte. Er war wohl wirklich begeistert von der Person Jesu. Er meinte aber, eine solche machtvolle Person müsse das nun auch ausnützen. Er müsse Macht über die Menschen gewinnen, um zu herrschen. Auch die anderen Apostel glaubten wohl lange Zeit, Jesus würde ein großes Königreich errichten. Als Judas nun sah, daß Jesus nicht ein mächtiges Reich errichtete, sondern gekommen war, um den Menschen zu dienen, da schlug seine Verehrung für Jesus und seine Liebe zu ihm in Haß um, und er verriet Jesus.

»Wozu hatte Jesus Jünger?« (Cl. 10 Jahre)

Jesus wollte, daß alle Menschen die Wahrheit erfahren, die er den Menschen gebracht hatte. Er lebte aber nur zu einer bestimmten Zeit, in einem bestimmten Land. Deshalb brauchte er Menschen, die hinausgingen in die Welt, um allen Menschen zu erzählen, was er den Menschen gesagt und was und wie er ihnen das vorgelebt hatte. Die Jünger aber hatten ihn drei Jahre aus nächster Nähe kennengelernt. So konnten sie allen von ihm erzählen. Natürlich hatte er als Mensch auch gern Freunde um sich – wie wir auch –, mit denen er zusammenlebte.

»Warum lebte Jesus damals und nicht heute? Warum kann heute nicht noch einmal ein Sohn Gottes geboren werden?
Wenn Gott doch allmächtig ist, könnte er doch noch mal einen Beweis liefern!« (F. 9 Jahre)
»Warum kann sich Jesus nicht heute noch einmal zeigen, auf die Welt kommen. Wir haben es doch viel schwerer, an ihn zu glauben,

weil wir ihn nicht sehen können. Die Jünger, die ihn erlebt haben, mußten doch glauben!« (M. 12 Jahre)

Warum Jesus gerade damals lebte, wissen wir nicht. Aber warum sollte er noch einmal kommen? Wir wissen ja von ihm alles, was uns zu einem Leben notwendig ist, wie Gott es sich gedacht hat. Wenn er noch einmal käme, er könnte uns ja nur noch einmal dasselbe sagen und zeigen.
Dabei glaube ich nicht einmal, daß wir es schwerer haben, an Jesus zu glauben. Sieh mal, die Menschen damals sahen zwar den wunderbaren Menschen Jesus, aber sie sollten erkennen, daß in diesem Menschen Gott unter ihnen gegenwärtig war. Wir aber haben von Kind auf schon gehört, daß in Jesus Gott zu uns spricht. So haben wir es zum Teil sogar leichter. Und die meisten Menschen damals haben ja auch nicht geglaubt. Sie sahen in Jesus nur den Menschen. Sie konnten sich nicht dazu durchringen, in ihm auch den gegenwärtigen Gott zu erkennen, obwohl er öfter Gottes Liebe und Gottes Kraft bezeugte. Auch die Wunderzeichen Jesu haben sie nicht überzeugt. Jesus wollte auch durch seine Wunder nicht die Zustimmung der Menschen erzwingen. Die Wunder waren so, daß nur die Glaubenden sie erkannten und verstanden. Die nicht glauben wollten, waren für die Zeichen Gottes blind.

»Wie hat Jesus die Menschen geheilt?« (Th. 7 Jahre)

In Jesus war die wunderbare Kraft der Liebe Gottes gegenwärtig. So ging von ihm auch eine heilende Kraft aus, die zunächst das Böse wegnehmen sollte. Damit die Menschen aber sahen, daß er gekommen war, um sie heilzumachen, nahm er auch körperliche Krankheit von ihnen. Sie sollten so erkennen, daß Gott die Menschen liebt und ihnen in Jesus seine Liebe schenkt.

»Warum gab Jesus vor seinem Tod ein Abendmahl?« (D. 8 Jahre)

Jesus wollte den Menschen vor seinem Tod noch einmal deutlich machen, daß wir die Freundschaft mit Gott und untereinander wahren sollten. Deshalb sah er sich um, wie Menschen einander ihre Freundschaft zeigten und wie sie sie lebendig erhielten. Er sah, daß Menschen einander einladen, um mit ihnen zu essen und zu trinken. So zeigten sie ihnen, daß sie Freunde sind, und vertieften diese Freundschaft. Deshalb lud er auch seine Freunde ein und aß und trank mit ihnen. In dem Essen und Trinken zeigte er ihnen, daß er immer ganz für sie da ist.
Er wollte ihnen ein Abschiedsgeschenk hinterlassen. Sie sollten ihn nicht vergessen, wenn er in menschlicher Gestalt nicht mehr bei ihnen war. So wählte er die Gestalt von Brot und Wein, um ihnen nahe zu sein. Er trug ihnen auf, dieses Freundschaftsessen immer wieder zu feiern. Sie sollten nie vergessen, daß sie seine Freunde sind und auch miteinander wie Freunde leben.

»Warum ist Jesus auferstanden?« (H. 8 Jahre)
»Das gibt es doch gar nicht, daß ein Toter auferstehen kann!« (ein 7jähriger)

Auferstehen heißt nicht, daß ein toter Körper einfach wiederbelebt wird und alles so ist, wie vorher, daß man einfach wieder in dieses Leben zurückkehrt. Auferstehen heißt, daß mit dem Tod für den Menschen nicht alles zu Ende ist. Er kommt dann zu Gott. Dort beginnt er ein neues, ganz anderes Leben. So haben die Apostel – nach dem Bericht der Heiligen Schrift – zu dem Auferstandenen auch nicht gesagt: »Ach, da bist du ja wieder!« Sie waren vielmehr erschreckt, erkannten ihn nicht, wußten nicht, mit wem sie es zu tun hatten. Er hatte eben schon ein ganz anderes Leben begonnen und wollte den Aposteln nur zeigen, daß er da ist.

»Warum ist Jesus gerade an Ostern auferstanden?« (E. 9 Jahre)

Jesus ist geradewegs vom Kreuz, also am Karfreitag zu Gott heimgekehrt. Aber den Jüngern wurde erst nach und nach klar, daß sie nicht verzweifelt und traurig sein brauchten, da Jesus ja lebt. Dies Erlebnis verbinden sie mit Ostern. Jesus erschien ihnen. Deshalb feiern wir in jedem Jahr das Osterfest.

»Warum ist Jesus nach seiner Auferstehung wieder gestorben?« (H. 8 Jahre)

Jesus ist nach seiner Auferstehung nicht mehr gestorben. Er kann auch gar nicht mehr sterben. Das Leben bei Gott kennt kein Ende und keinen Tod. Der Tod ist nur das Ende dieses Lebens. Das Leben in der Gemeinschaft mit Gott hat kein Ende.

»Wie hat Gott den schweren Stein weggewälzt, und wie ist er aus dem Grab gekommen?« (A. 6 Jahre)

Das Grab kann das Leben nicht festhalten. Es kann nur den toten Körper behalten. Das Leben bei Gott besteht aber nicht in einem Wiederbeleben dieses Körpers und der Rückkehr in dieses menschliche Leben. Es ist ein ganz neues, anderes Leben, wie wir es uns nicht vorstellen können. So brauchte Jesus gar nicht den Stein wegzuwälzen, um aufzuerstehen. So wie er ja auch den Aposteln in verschlossenen Räumen erschien. Wenn die Apostel von dem weggewälzten Stein berichten, so wollen sie damit sagen: Jesus ist nicht tot. Er lebt. Der weggewälzte Stein ist eine Weise, in der sie den Menschen damals klarmachen: Der Tod ist nicht das Ende Jesu. Er lebt bei Gott. Diesen Glauben hatten sie gewonnen, als Jesus ihnen nach seinem Tode erschienen war.

»Was heißt denn das: Jesus hat uns erlöst?« (Chr. 7 Jahre)

Wenn jemand gefangen ist, dann kann man ihn befreien oder man kann auch sagen erlösen. Erlösen heißt also so viel wie losmachen, freimachen. Die Menschen waren gefangen. Sie hatten sich selbst gefangen, und zwar in dem Bösen, in der Lieblosigkeit. Sie dachten nur noch an sich selbst. Das Alte Testament zeigt das in seinen Geschichten von Adam und Eva, Kain und Abel bis hin zu der Geschichte vom Turmbau zu Babel. Das Böse wirkt unter den Menschen ansteckend. Die Menschen waren in ihrer Lieblosigkeit gefangen. Sie waren ganz anders geworden, als Gott es sich gedacht hatte, als er sie schuf. Da wollte Gott etwas tun, um die Menschen wieder besser zu machen, um sie zu befreien von dem Bösen, von der Lieblosigkeit. Er machte sich in einem Menschen, eben in Jesus Christus, für die Menschen eine Zeitlang sichtbar. Nun konnten die Menschen an diesem Jesus sehen, wie gut Gott war und wie gut auch die Menschen sein könnten und sollten, wie sie zueinander gut sein könnten. Wenn sie das eingesehen und sich gebessert hätten, dann wären sie erlöst, befreit gewesen vom Bösen. Aber sie sahen es nicht ein. Im Gegenteil, sie wurden böse darüber, daß dieser Jesus sie in ihrem Bösesein störte. Deshalb töteten sie ihn. Jesus wehrte sich nicht. Er wollte nicht mit gleichen Mitteln antworten. Er wollte bei seiner Haltung der Liebe bleiben. So wurde sein Tod ein neuer Anruf Gottes an die Menschen. Gott sagte zu den Menschen »Wenn schon das gute Leben meines Sohnes Jesus Christus euch nicht bewogen hat, vom Bösen zu lassen, so seht wenigstens ein, wie weit ihr es in eurem Bösen getrieben habt. Den besten Menschen, den es je auf dieser Erde gegeben hat, habt ihr getötet. Laßt euch nun wenigstens dadurch vom Bösen befreien.« Viele Menschen haben sich seither durch die Liebe Jesu von ihrem Bösen befreien lassen. Dann sind sie erlöst. Erlöst wird man von Jesus nur, wenn man es will und mittut.

3 Gott

Schwierigkeiten mit unserem Gottesbild

Vorbemerkungen für den Erwachsenen

Es ist sicher das schwierigste Unterfangen, mit Worten zu erklären, wer Gott ist. Ganz besonders schwer ist das Kindern gegenüber. Was fangen sie schon mit Erklärungen an wie: »Er ist der ganz Ferne und der ganz Nahe«?
Ganz kurz und bündig erklärte es mir ein kleiner italienischer Junge aus unserer Gemeinde. Er schrieb nieder: »Die Gott ist eine gute Mann. Er ist der groß Mann für die Welt!« Gar nicht so schlecht, wie mir schien. Schlimmer war da für mich schon die Aussage eines Kindes aus unserer Kindertagesstätte. Nach einem kurzen Besuch, den ich dort machte, sagte das Kind zur Gruppenleiterin: »Ich habe eben den lieben Gott getroffen, und er hat uns 'guten Tag' gesagt.«
Zunächst ist es sicher notwendig, daß das kleine Kind in der Familie Gott erfährt. Das ist wichtiger und grundlegender, als über Gott zu reden.
So sieht das Kind vielleicht die Eltern beten. Es begreift, daß jemand noch mächtiger ist als Vater und Mutter. Oder die Eltern bringen Gott in Verbindung mit den täglichen Erlebnissen des Kindes. Das Kind begreift, daß Gott es liebt. Für die Weckung dieses Glaubens sind in manchen Schriften gute Wege gezeigt. Erst auf diesem Hintergrund werden Fragen nach Gott gestellt. Erst auf diesem Erlebnishintergrund ist es sinnvoll, sie zu beantworten. Nur so können auch die folgenden Antworten verwendet werden.
Wir Erwachsenen haben oft größere Schwierigkeiten mit unserem Gottesbild als die Kinder. Wir schlagen uns zu sehr mit bildhaften Vorstellungen aus unserer Kinderzeit herum.

Uns wurde Gott oft zu menschenähnlich dargestellt. Sicher hat auch diese Darstellung ihre Berechtigung. Sie macht deutlich, daß Gott uns nahe ist. Sie zeigt, daß die personale Darstellung Gott eher trifft als die unpersönliche. Sie hat aber auch ihre Gefahren. Die Gegenbewegung dazu ist heute zu spüren. Nicht wenige sprechen Gott ganz das Personsein ab.
Was heißt das: Gott ist Person? Vielleicht sollte man weniger mißverständlich sagen: »Gott ist personal.« Unter Person stellen sich viele gleich immer eine »menschliche Person« vor, eine umgrenzte Person, eine neben einer anderen. So ist Gott nicht Person. Deshalb sollten wir wohl lieber sagen: Gott ist personal. Personal heißt dann so viel wie Gott ist ansprechbar, anredbar. Er ist keine unpersönliche, anonyme Macht wie der Wind oder die Wasserkraft.
Die Allgegenwart Gottes ist eine weitere Schwierigkeit im Gottesverständnis. Einmal ist die Allgegenwart Gottes – wie früher so vieles – als Erziehungsmittel mißbraucht worden (»Ein Auge ist, das alles sieht, selbst was in finsterer Nacht geschieht!«) Deshalb sollte man das Sehen und Hören Gottes nicht unter dem Gesichtspunkt des »Beobachtens« bringen. Gott ist kein Polizist, der ständig nur aufpaßt, wo und ob uns ein Fehler, eine Sünde passiert, ja der geradezu darauf wartet. Gott schaut vielmehr auf uns wie auf einen Menschen, den man lieb hat und dem man deshalb gern zuschaut.
Man sollte sich überhaupt nicht auf räumliche Kategorien einlassen, sondern von Gott in personalen Vorstellungen reden. Auch: »Gott wohnt im Herzen«, ist für Kinder eine ganz irreführende Antwort, oder »Er wohnt im Tabernakel«. Ebenso dürfte die Aussage: »Gott ist größer als wir«, eher zu einer Art Riesen führen als zu Gott. Die Allgegenwart, verdeutlicht mit dem Zusatz: »Gott ist überall«, verleitet Kinder geradezu zu seltsamsten Vorstellungen. So sagt ein Kind zu seiner Mutter: »Rate mal, wer bis auf das Dach des Hochhauses in der Hamburger Straße reichen kann?« Seine Antwort: »Gott! Er kann doch alles!«

Man müßte dem Kind klarmachen, daß die Frage: »Wo ist Gott« keine sinnvolle Frage ist. So hat es auch keinen Sinn zu fragen, welche Farbe ein Ton hat. Man ist hier in eine falsche Kategorie geraten. Gott ist nicht etwas, das man irgendwo hinsetzen kann. Er hat uns zwar den Raum gegeben, in dem wir leben. Er ist aber an keinen Raum gebunden. Gerade, daß er nicht in Räumen eingefangen werden kann, zeigt seine allumfassende Wirklichkeit. Gerade so kann er uns immer nahe sein. Die Aussage »Gott ist überall« macht aus der Tatsache, daß Gott nicht an Räume gebunden ist, gerade das Gegenteil: die Allörtlichkeit. Allgegenwart will aber doch wohl sagen: Alles ist durch ihn und mit ihm. Ohne ihn kann nichts sein. Er ist überall für uns zu finden. Er ist uns überall nahe, wenn wir ihn nur nicht übersehen. Kinder meinen wohl mit der Frage: »Wo ist Gott?« auch mehr: »Wo ist er für mich zu finden? Wie kann ich mit ihm rechnen?«

Damit kommen sie auch der biblischen Gottesvorstellung viel näher. Gott ist ja dort nicht der statische, der in heiligen Bezirken wohnt. Er ist vielmehr der dynamische, der sich in der Geschichte engagiert, der – wie Bonhoeffer es einmal formuliert hat – »mitten in unserem Leben jenseitig ist«. Der Gottesname des Moses »Jahwe« heißt ja so viel wie: »Ich bin der, der für euch da ist.« Deshalb geben wir das für Kinder sicher besser mit der Formulierung wieder: »Gott ist uns überall nahe« oder »Er ist uns überall nahe, wenn wir ihn nur nicht übersehen«, als mit der Aussage: »Gott ist überall« – vielleicht noch verdeutlicht am Beispiel der Luft. Gott wird dann eher so eine verdünnte Wirklichkeit. Es kommt darauf an, die Gegenwart Gottes nicht als räumlich, sondern als personal grundzulegen.

Das biblische Gottesbild verbietet es uns, über Gott wie über ein »Ding an sich« zu reden. Man kann über Gott nicht »informieren« wie über einen Gegenstand. Gott ist ein »Gott für uns«, ein »Gott mit uns«. Es geht ja beim Reden von Gott darum, Erfahrungen mit Gott ins Wort zu fassen. Es geht um die Erfahrung dessen, der über uns und unsere Unzulänglichkeit

weit hinausgeht, der aber doch in unserem Leben anwesend ist. Es geht darum, deutlich zu machen, daß wir schon von Gott erfaßt sind, ehe wir es in Worte kleiden, daß Gott schon mit uns befaßt ist, lange eher wir uns das bewußt machen. Gott darf nicht an das Leben des Kindes von außen herangetragen, hinzugefügt werden. Sonst muß das Kind fragen, was es mit ihm solle. Er muß aus seinem Leben heraus, in seinem Leben bewußt und deutlich gemacht werden. Erst so haben wir das biblische Gottesbild getroffen und nicht das griechische. Im griechischen Weltbild sind die Götter die jenseitigen, die ihr Leben für sich führen und nur per Zufall etwas mit dem Leben der Menschen zu tun bekommen.
Auch die Allmacht Gottes führt manchmal zu ganz falschen Vorstellungen. Darüber soll im Kapitel über das Leid eingehender gesprochen werden. Vorsichtig ist auch mit der Aussage: »Gott ist ein Geist« umzugehen. Kinder verbinden mit dem Wort »Geist« schnell die Vorstellung: »Geister und Gespenster«. Geist ist für sie kaum zu verstehen. Vielleicht sollte man lieber sagen: Er ist für uns nicht sichtbar.

Fragen der Kinder und Antworten

»Wer ist Gott?« (B. 4 Jahre)

Gott ist der, der alles gemacht hat, die Sonne, das Wasser, die Pflanzen, die Menschen und der die Menschen alle sehr, sehr lieb hat.

»Mama, wo ist denn der liebe Gott?« (P. 4 Jahre)

Gott ist allen Menschen nahe. Er ist bei uns, bei dir, bei mir, bei den Menschen, die traurig sind und bei denen, die sich freuen. Alle können zu ihm sprechen. Er ist für alle da. Er ist für uns aber nicht sichtbar. Wir können aber alles sehen, was er für uns gemacht hat: Sonne, Mond und Sterne, Tiere und Pflanzen, die Erde und das Meer und auch uns Menschen, und er hat uns sehr lieb.

»Warum kann man Gott nicht sehen? – Kann er atmen, sehen, hören?« (B. 4 Jahre)

Gott ist ja kein Mensch, kein Tier, kein Stern und alles andere, was wir sehen können. Er ist anders und mächtiger als alles, was wir sehen können; denn er hat ja alles gemacht. Gerade weil wir ihn nicht sehen können, kann er uns allen nahe sein.
Gott braucht deshalb auch nicht zu atmen. Atmen braucht man ja nur, wenn man einen sichtbaren Körper hat. So kann er uns allen nahe sein und uns hören, wenn wir zu ihm sprechen.

»Wie sieht Gott aus?« (J. 6 Jahre)

Das wissen wir nicht. Noch kein Mensch hat Gott gesehen. Unsere Augen, mit denen wir die Blumen, die Wolken und die Menschen sehen können, sind nicht dafür geeignet, Gott zu sehen. Wir werden aber einmal Gott sehen, wenn wir zu ihm kommen.

»Wenn wir ihn nicht sehen können, haben ihn dann wenigstens die Astronauten gesehen?«

Nein, die haben ihn auch nicht gesehen. Kein Mensch kann ihn in diesem Leben sehen. Man ist ihm auch nicht näher, wenn man mit der Rakete hochsteigt, und wenn man noch so weit fliegen würde. Man ist ihm dann nicht näher als hier auf der Erde; denn er ist uns überall nahe. Besonders ist er bei uns, wenn wir mit ihm sprechen und wenn wir zu anderen Menschen gut sind. Das ist ganz gleich, wo wir uns dabei befinden.

»Was macht er den ganzen Tag, ißt und schläft er auch?«

Gott erhält alles am Leben: die Pflanzen, die Tiere, die Menschen, die ganze Welt. Ohne ihn könnte nichts sein. Er sorgt sich besonders um uns Menschen und hat uns lieb. Aber er wird nicht müde. Und weil er keinen Körper hat, braucht er auch nicht zu essen. Wir müssen ja nur essen, weil unser Körper sonst schwach und krank wird.

»Ist Gott ein Geist?« (B. 4 Jahre)
»Gott ist kein Gespenst, aber trotzdem ist er unsichtbar?«
(L. 6 Jahre)

Wenn manche Menschen sagen: Gott ist ein Geist, dann wollen sie damit sagen: Gott ist für uns unsichtbar.
Er kann denken, etwas wollen, uns liebhaben. Aber er ist ja kein Mensch wie wir. Deshalb hat er auch keinen Körper. Er ist nicht wie ein Mensch, der neben anderen lebt. Er erfüllt mit seiner Kraft und seinem Leben die ganze Welt. Wenn man sagt: »Gott ist ein Geist«, ist das aber etwas ganz anderes, als wenn in den Märchen von Geistern und Gespenstern geredet wird. Die gibt es in Wirklichkeit gar nicht. Die sind nur von Menschen erdacht, die sehr ängstlich sind oder anderen Angst machen wollen.

»Wenn ich in die Kirche gehe, kann ich Gott dann sehen?«
(B. 4 Jahre)

(Der 2½jährige Chr. sagt nach einem Kirchenbesuch mit der Oma: »Gott ist in Kirche! Kann man sehen, kann man Geld geben!«)

Auch in der Kirche ist Gott nicht zu sehen. Wir gehen aber in die Kirche, um mit Gott zu sprechen und von Gott etwas zu hören. Gott braucht natürlich kein Haus, um uns nahe zu sein. Aber die Menschen wollten ein Haus haben, in dem sie zusammenkommen können, um mit Gott zu sprechen. So wie sie für sich Häuser bauen, so bauten sie auch ein Haus für Gott. Sie freuten sich ja, daß Gott bei uns sein will. Und so, wie jemand seine Freunde in sein Haus einlädt, so lädt Gott uns nun immer wieder in sein Haus ein, damit wir ihn nicht vergessen und die Freundschaft mit ihm halten.

»Vielleicht ist Gott ein Stern, der Mars, ein Vulkan oder auch ein ganz winziges Krümelchen. Vielleicht ist Gott in mir, ihr wißt es bloß nicht?« (W. 5 Jahre)

Daß Gott ein Stern ist, das haben die Menschen früher manchmal gedacht, wenn sie sich nicht erklären konnten, warum ein Stern aus so weiter Ferne leuchtet. Gott ist aber kein Stern und auch kein Vulkan und auch kein winziges Krümelchen. Er hat das alles erschaffen und erfüllt es mit Leben. Er ist nicht ein Gegenstand neben den anderen, sondern der, der alles gemacht hat. Er ist viel mächtiger als alles, was er gemacht hat. Wir können ihn nicht sehen. Er ist uns aber überall nahe. Natürlich ist er auch bei dir, weil er dich liebhat und möchte, daß du gut und ganz glücklich wirst.

(Auf die Bemerkung: Gott sei überall, bei allen Menschen und auf der ganzen Welt:)
»Weißt du, wie ich mir das denke? Gott hat ja keinen Kopf und keinen Bauch. Den kann man nicht sehen. Da denke ich mir halt, bei allen lieben Menschen ist der Kopf von Gott und bei den bösen Menschen sind die Füße – und bei uns in Deutschland, da gibt es liebe und böse, da könnte ja der Bauch von Gott sein!« (D. 6 Jahre)

Ja, da hast du recht, Gott ist überall, bei allen Menschen. Bei den bösen, weil er sie gut machen will und bei den guten, weil er sie stärken will; denn er hat alle lieb. Er ist uns allen nahe.

»Ich weiß, wie Gott geworden ist. Da war mal ein allererster Mensch, und der war so lieb, und dann ist er gestorben. Und weil nachher die anderen Menschen ihn so lieb und nett fanden, haben sie sich gedacht: das ist eben der liebe Gott. So denke ich mir das!«
(A. 6 Jahre)

Es ist wahr, daß ein Mensch, der sehr gut und lieb ist, uns an Gott erinnert. Wir sagen dann: wenn ein Mensch schon so gut und lieb sein kann, wie gut und lieb muß dann erst Gott sein. Gott hat ja auch diesen Menschen erschaffen und ihm geholfen, so gut und lieb zu werden. Aber dieser gute und liebe Mensch ist nicht selbst Gott. Er macht uns nur deutlich, wie gut Gott ist. Gott ist ja der, der vor allen Menschen da war, vor der ganzen Welt, und von dem alles abhängt. Gott hat keinen Anfang. Er ist selbst der Anfang von allem.

»Vielleicht gibt es auch gar keinen Gott. Die Menschen haben sich das bloß ausgedacht. Es hat ihn ja noch niemand gesehen.«
(E. 5 Jahre)

Du hast darin recht, daß die Menschen durch ihr Nachdenken darauf gekommen sind, daß es Gott gibt. Überall, in allen Ländern haben sie sich unabhängig voneinander ihre Gedanken gemacht. Sie sahen die schöne Welt und wie alles in der Natur seine Ordnung hat und sein Leben. Und sie dachten sich: Da muß doch jemand sein, der das alles ausgedacht und gemacht hat, der sehr weise und mächtig ist. Den nannten sie dann Gott. Wir können aber nur sehen, was er geschaffen hat. Ihn selbst können wir jetzt nicht sehen. Wir werden ihn aber einmal sehen, wenn wir zu ihm kommen.

»Kann Gott wirklich alles sehen, was ich mache? Kann Gott alles hören, was ich sage?« (V. 6 Jahre)

Sieh mal, wenn du einen Menschen gern hast, dann interessierst du dich für ihn. Du bist gern bei ihm. Du hörst ihm zu, siehst ihm zu, erzählst ihm, was du erlebt hast. Gott hat dich nun auch sehr lieb. Deshalb schaut er gerne zu, was du tust. Er freut sich an dir. Er hört gern auf das, was du sagst; denn er mag dich sehr.

»Warum kommt der liebe Gott nicht mal zu uns?«
(M. 3 Jahre)

Gott ist bei uns. Wir können mit ihm sprechen. Er hört uns. Wir können ihn nur nicht sehen. Einmal werden wir ihn sehen. Unsere Augen könnten das jetzt aber noch nicht erfassen.

»Werden die Leute deshalb unter der Erde begraben, weil Gott dort wohnt?«

Nein! Die Körper der Verstorbenen werden begraben, weil sie ihre Aufgabe im Leben erfüllt haben. Gott hat nun mit den Menschen etwas anderes vor. Sie erhalten ein neues Leben bei Gott. Gott ist aber nicht da unter der Erde. Er ist ja nicht tot, sondern lebendig. Nur können wir ihn nicht sehen. Deshalb können wir auch die Verstorbenen nicht sehen, die nun bei ihm leben.

»Warum gibt es Gott?« (H.P. 6 Jahre)

Ehe es alles andere gab, gibt es schon Gott. Er hat auch alles andere gemacht. Wenn es Gott nicht gäbe, wäre nichts da, auch wir alle nicht, auch du nicht!

»Warum beten wir zu Gott?«

Beten heißt mit Gott sprechen. Du sprichst doch auch mit deinen Freunden, weil du ihnen etwas erzählen willst. Wir sprechen in der Familie miteinander, weil wir uns lieb haben und sich einer für den anderen interessiert. Man spricht mit Leuten, die man kennenlernen möchte, und schließt so Freundschaft mit ihnen. Sieh mal, Du hast dich auch öfters mit der Sabine unterhalten beim Spielen. Nun kennt ihr euch gut und seid Freundinnen geworden. Wenn wir mit Gott sprechen, werden wir immer mehr seine Freunde.

»Warum gibt Gott nie Antwort, wenn man ihn fragt?«
(H. 8 Jahre)

Gott spricht ja zu uns. Ja, er hat uns sogar zuerst angesprochen. Er hat uns ins Leben gerufen. Er spricht zu uns durch gute Menschen, durch die Eltern. Er spricht zu uns durch die Schönheit der Natur, die er für uns geschaffen hat. Er spricht zu uns durch Jesus Christus und sein Evangelium. Er spricht zu uns durch Erlebnisse und Begegnungen mit Menschen. Er spricht endlich auch in unseren Gedanken. Er sagt uns, was wir tun sollen, was er von uns erwartet, wie sehr ihm an uns liegt. Er wartet nun auf unsere Antwort. Und wenn wir recht zu hören verstehen, gibt er uns auch Antwort auf das, was wir ihm sagen. Wir dürfen seine Antwort nur nicht übergehen. Er drängt sich uns nicht auf. Man kann ihn leichter überhören als Menschen, die wir vor uns sehen und deren Stimme sich uns schon bemerkbar macht.

»Warum ist Gott erschaffen?« (O. 8 Jahre)

Gott ist nicht erschaffen. Alles, was es gibt, ist von ihm erschaffen. Er war schon da, als es die Welt, die Erde, die Sonne und den Mond und die Menschen nicht gab. Er wird noch da sein, wenn es einmal keine Menschen auf der Erde mehr geben sollte oder gar keine Welt mehr.

»Ist Gott für uns sichtbar?« (St. 10 Jahre)

Die Mutter stellt ihm die Gegenfrage: »Hast du ihn schon mal gesehen?« Das bringt ihn auf folgende Gedanken: Gesehen habe ich ihn noch nicht, aber ich merke doch, daß er da ist. Ich finde die Welt so herrlich, daß ich doch gleich weiß, daß er das alles für mich gemacht hat. Eigentlich sehe ich ihn dann überall. An Papa und dir merke ich doch auch was von Gott. Ihr seid sicher so lieb zu uns, weil ihr Gott lieb habt und Gott euch sagt, daß ihr eure Kinder liebhaben sollt.

»Wo findet man Gott?« (B. 6 Jahre)

Darauf Gespräch der älteren Geschwister:
St. 10 Jahre: »Überall, wo Menschen Hilfe brauchen und traurig sind, wo dann geholfen wird und Menschen glücklich sind.«

A. 8 Jahre: »Gott ist bei den Menschen, und da ist dann auch das Gottesreich. Also sind die Menschen schon jetzt im Gottesreich.«

St. 10 Jahre: »Ein Mensch kann nur immer an einer Stelle sein, entweder in der Küche oder im Garten, aber man kann sich eben Gott nicht so denken wie einen Menschen. Gott kann man nicht nur an eine Stelle setzen.«

»Wer ist denn eigentlich der Heilige Geist? Das habe ich schon wieder ganz vergessen! Ist der Heilige Geist das Gute?« (A. 8 Jahre)

Mutter: »Ja, so kannst du es sagen. Gottes Liebe zu uns ist Gottes Heiliger Geist für uns.«
Darauf A. 8 Jahre: »Und wenn wir dann Gott lieben, ist das dann auch durch den Heiligen Geist gekommen?«
Mutter: »Ja, der Heilige Geist hilft uns zu glauben. Er hilft uns, daß wir das tun können, was Christus von uns will. Er gibt uns die Kraft, daß wir richtige Freunde Christi werden können.«
Darauf A. 8 Jahre (sehr nachdenklich): »Dann müßten wir doch viel mehr auch zum Heiligen Geist beten, wenn wir beten. Schließlich wollen wir ja besser werden. Und wir erwähnen ihn immer nur, wenn wir das Kreuzzeichen machen!«

»Ist Gott ein Mann? – Schließlich sagen wir 'Vater unser'?« (A. 8 Jahre)

Mutter: »Nein, Gott ist kein Mann. Er hat überhaupt keinen Körper. Er ist wie ein Vater zu uns. Deshalb dürfen wir ihn auch Vater nennen. Man kann sich auf ihn so verlassen, ihm so stark vertrauen wie einem Vater.«
A.: »Gut, aber Jesus hat ausdrücklich seinen Jüngern gesagt, daß Gott sein Vater und der Vater aller Menschen ist. Also muß er ja doch wohl ein Mann sein. Jesus muß es ja schließ-

lich wissen, weil er ja sein Sohn ist und von Gott kommt.«
Mutter: »Wir stellen uns Gott wie eine Person vor, weil wir Menschen gerne von allem wissen wollen, wie es ist. Gott ist aber nicht Person wie wir. Wenn wir von Gott als Vater sprechen, dann ist das nur als ein Bild gedacht. So gut wie ein Vater ist er zu uns, so lieb hat er uns. Gott könnten wir uns aber genauso als Mutter vorstellen. Gott ist auch wie eine Mutter. Wie ist denn eine Mutter?«
A.»Na, lieb und macht alles für die Kinder. Sie kümmert sich um sie, hilft ihnen. Sie ist auch streng, wird aber immer wieder gut, auch wenn wir sie ärgern.«
Mutter: »Na, siehst du, ganz genau dasselbe können wir auch von Gott sagen. Er ist also auch wie eine Mutter.«
A.: »Dann könnte man sich Gott ja als Frau vorstellen. Ich weiß nicht, das ist ein bißchen komisch.«
Mutter: »Gut, dann stell dir Gott vor wie einen ganz guten Freund. Dem kannst du ganz vertrauen, dich auf ihn verlassen. Ihn hast du gern, freust dich, wenn du mit ihm sprechen kannst. Alles kannst du ihm sagen, alles, was dir Spaß macht, und alles, womit du Kummer hast. Er ist ja dein Freund.«
A.: »Wenn ich Kummer habe, sage ich es dir, Mutti! Es ist mir jetzt schon klar, daß Gott wie Papa, wie du und bestimmt noch besser ist. Aber wahrscheinlich ist er doch ein Mann; denn Jesus hat uns das 'Vater unser' gelehrt, und das ist auf jeden Fall richtig. Und Vater kann man nur als Mann werden.« –
Wenn auch in diesem Gespräch die letzten Vorbehalte nicht ganz auszuräumen waren, so wurde doch deutlich, daß man das Vaterbild Gottes ergänzen muß. Gott ist nicht nur Vater. Er ist auch Mutter. Das Alte Testament benutzt dieses Bild. Er ist auch Bruder, Schwester, Freund und Liebender.

»Wann ist Gott geboren?« (B. 6 Jahre)
»Wo leben Gottes Eltern?« (S. 5 Jahre)

Gott ist nie geboren. Er war schon, bevor die Menschen, ja die ganze Erde war. Er hat sie ja erschaffen. Er ist nie entstanden. Alles andere ist entstanden oder geboren. Er ist der einzige, den es immer gab, und von ihm stammt alles andere. Deshalb hat er auch keine Eltern. Er ist ja kein Mensch.

»Was macht Gott?« (B. 9 Jahre)

Gott hat die Welt ja nicht einmal erschaffen, und dann war sie fertig. Gott erschafft die Welt immerzu. Sie ist über einen langen Zeitraum von vielen Jahrmillionen entstanden und sie verändert sich immer noch. Gott ist in all dem am Werk. Und er ist voll Liebe für uns, sorgt sich um uns und möchte, daß wir gut und glücklich werden.

»Hat Gott Kinder?« (M. 6 Jahre)

Alle Menschen sind Gottes Kinder. Durch seine Schöpferkraft sind sie entstanden, und er liebt sie alle, wie Eltern nur ihre Kinder lieben können.

»Was macht Gott jetzt?« (L. 6 Jahre)

Gott erhält die ganze Welt, auch dich und mich, am Leben. Er interessiert sich für das, was du tust, möchte, daß du gut bist und glücklich, weil er dich sehr, sehr lieb hat.

»Wer ist Gott?« (R. 10 Jahre)

Gott ist die ungeheure Kraft und Macht, die alles erschaffen hat, die Weisheit, die alles erdacht hat. Von dieser Macht und Kraft, von dieser Weisheit wissen wir durch Jesus Christus, daß sie voller Liebe zu uns ist. Obwohl Gott unendlich mächtig ist, brauchen wir uns nicht vor ihm zu fürchten. Wir wissen durch Jesus, daß Gott gütig ist und aus Liebe alles geschaffen hat. Jesus spricht Gott als seinen Vater an. Gott ist also ansprechbar. Er ist keine unpersönliche Macht, wie der Wind, sondern personal. Zwar nicht Person, wie wir Menschen, wo einer neben dem anderen lebt. Gott erfüllt alles. Aber doch ist er jemand, der lieben kann, der uns hört, der uns zu seinen Freunden haben will.

»Wo ist Gott?« (Kl. 7 Jahre)
»Warum kann Gott überall sein?« (Kl. 7 Jahre)

Gott erfüllt das All; denn er hat alles erschaffen: »In ihm leben wir, bewegen wir uns und sind wir«, sagt der hl. Paulus. Er ist unsichtbar, da er eine geistige Kraft ist. Wir Menschen haben Geist, der in einem Körper lebt. Der Geist Gottes ist nicht an einen Körper gebunden. Gerade weil Gott nicht an einen Raum gebunden ist, ist er frei, uns überall nahe zu sein. Er zeigt sich uns in seiner Macht und Weisheit in der Ordnung der Schöpfung. In seiner Schönheit ist er in der Natur zu erkennen. Seine Liebe erweist er uns schon dadurch, daß er das alles für uns gemacht hat. Er hat uns darüber hinaus die Fähigkeit gegeben, diese Welt weiter zu ordnen, Erfindungen zu machen; damit wir die Welt für uns besser einrichten. Gott zeigt uns aber seine Liebe auch und in besonderem Maße durch andere Menschen. Er ist da, wo Menschen gut zueinander sind und einander helfen. Und er wird da ausgesperrt, wo Menschen nur an sich denken und lieblos zu anderen sind. Gott kann nicht durch uns wirken, wenn wir es nicht zulassen, wenn wir es nicht wollen. Wir können überall mit ihm in Verbindung treten: wenn wir beten, wenn wir gut zu anderen sind, wenn wir sein Wort aus der Heiligen Schrift hören, wenn wir Messe feiern.

»Warum hat Gott die Menschen erschaffen?«
(Chr. 7 Jahre)

Gott ist die Liebe, und so wollte er wohl Geschöpfe haben, die sich mit ihm freuen können, denen er seine Liebe schenken kann, die mit ihm glücklich sein können. Er wollte die Menschen haben, damit sie alles erkennen und begreifen und einmal für immer mit ihm glücklich sind.

»Wenn Gott ein König oder Vater aller Menschen ist, warum ist Jesus dann in einer Krippe geboren?« (G. 8 Jahre)

Jesus wollte wohl nicht besser leben als die meisten Menschen damals. Wenn er im Reichtum geboren worden wäre, dann hätten die Menschen gesagt: »Der hat leicht reden. Dem geht es ja auch so gut!« Nun aber war er den Ärmsten gleich geworden. Das tut Gott aus Liebe zu uns.

»Warum müssen wir erst leben, wenn Gott schon vorher weiß, wie wir leben?« (K. 10 Jahre)

Das Leben soll uns Freude machen. Wenn wir nicht leben würden, wenn wir also nur in den Gedanken Gottes existieren würden, dann könnten wir ja auch all die Schönheiten des Lebens, all die Freude nicht kennenlernen. Dazu hat Gott uns nun einen freien Willen gegeben. Er zeigt uns zwar den richtigen Weg, zwingt uns aber nicht. Alle anderen Geschöpfe müssen leben, wie Gott es ihnen eingegeben hat. Das große Geschenk der freien Entscheidung haben nur wir Menschen bekommen.

»Wie kommt es, daß wir noch einen Vater im Himmel haben?« (Chr. 5 Jahre)

Wir nennen Gott unseren Vater, weil er uns so lieb hat wie ein Vater seine Kinder. Aber wir können Gott nicht sehen. Deshalb zeigt er uns seine Liebe durch andere Menschen. So hat er es eingerichtet, daß jedes Kind noch einen Vater und eine Mutter hat. Die sind gut und lieb zu dem Kind. Gott will dem Kind durch die Eltern seine Liebe zeigen. Gott, den wir auch unseren Vater nennen, der ist auch noch da, wenn Vater und Mutter nicht mehr da sind. Er ist auch noch da, wenn wir sterben, und nimmt uns dann für immer zu sich.

»Warum verzeiht uns Gott immer wieder?« (Cl. 10 Jahre)

Verzeihen tut man, wenn man einen Menschen sehr lieb hat. Je weniger man einen lieb hat, um so weniger ist man zum Verzeihen bereit. Sieh mal, wenn deine Freundin bös ist, dann verzeihst du ihr bald wieder, weil du sie ja im Grunde gut leiden magst. Wenn einer, den du nicht leiden kannst, böse zu dir ist, dann sagst du viel schneller: »Die will ich nicht mehr sehen!« Gott liebt uns Menschen nun alle in einer unvorstellbaren Weise. Er liebt so, wie nur Gott lieben kann. Deshalb ist er auch immer wieder bereit, uns aufzunehmen, uns zu verzeihen.

»Ist Buße so viel wie Rache?« (H.W. 9 Jahre)

Nein, ganz und gar nicht! Das ist nur in unserem Sprachgebrauch so. Da sagt einer »Das sollst du mir büßen!« und meint: »Dafür werde ich dich strafen!« Oder ein Richter verurteilt einen Autofahrer zu einem »Bußgeld« als Strafe fürs Übertreten der Verkehrsordnung. Vor Gott ist Buße etwas ganz anderes. Buße hat etwas mit der Einsicht zu tun, daß ich falsch gehandelt habe und daß ich es wieder gutmachen möchte. Sieh mal, wenn man einem Menschen wehgetan hat und es einsieht, dann bittet man ihn um Verzeihung. Man möchte aber auch das Böse wiedergutmachen und zeigen, daß es einem wirklich leid tut. So versucht man vielleicht, dem anderen eine kleine Freude zu machen.

Ähnlich ist es auch Gott gegenüber. Wenn ein Mensch einsieht, daß er falsch vor Gott gehandelt hat, dann bittet er ihn um Verzeihung. Er nimmt sich vor, es in Zukunft besser zu machen. Als Wiedergutmachung und zum Zeichen, daß er es ehrlich meint, nimmt er sich vor, etwas Gutes zu tun, jemand eine Freude zu machen. Das nennt man Buße.

4 Bibel

Menschen machen Erfahrungen mit Gott

Vorbemerkungen für den Erwachsenen

Die »Bibel« (auf deutsch »Buch«) oder »Heilige Schrift« ist ein Glaubensbuch oder das Buch der Offenbarung darüber, wer Gott ist und wer wir Menschen sind. Sie besteht aus der Schrift des »Alten Testamentes« und der des »Neuen Testamentes«. Testament ist hier nicht im Sinne einer »letztwilligen Verfügung« zu verstehen, sondern im Sinne eines »Bundes«, den Gott mit den Menschen schließt. Das Wichtigste für den Umgang mit der Heiligen Schrift ist, sie als Glaubensbuch zu lesen. Sie ist kein Geschichtsbuch, das wissenschaftlich über die Vergangenheit berichtet; kein Erdkundebuch, das uns über die Entstehung der Welt belehrt; kein Biologiebuch, das uns die Geheimnisse des Lebens und seiner Entstehung enträtselt. Sie ist einzig und allein ein Glaubensbuch. Natürlich enthält sie Mitteilungen aus dem Bereich der Erdkunde, der Geschichte und der Biologie. Sie spricht ja nicht über »Gott an sich«, sondern über die Erfahrung der Menschen mit Gott. All diese Mitteilungen werden aber nicht um ihrer selbst willen aufgenommen. Sie bilden nur das Erzählungsmaterial. Mit seiner Hilfe soll deutlich werden, wer Gott ist und was er mit uns vorhat. Deshalb erstreckt sich die Wahrheit der Hl. Schrift auch nicht auf die erdkundlichen, geschichtlichen und biologischen Mitteilungen. All diese Dinge werden so berichtet, wie man sie sich zur damaligen Zeit vorstellte. Sie werden von den Verfassern dann auch so benutzt und umgebaut, wie sie es zur Verwirklichung ihrer religiösen Aussageabsicht brauchen. Sie wollen ja Gott den Menschen nahe bringen.

In früherer Zeit hat die Glaubenssprache der Bibel gleichzeitig als wissenschaftliche Erklärung der Welt gedient. Dann wurde sie aber mehr und mehr von dieser wissenschaftlichen Aufgabe befreit. Heute wissen wir, daß die Hl. Schrift nicht die Tatsachen erklären will, die der Beobachtung der Menschen unterliegen. Das überläßt sie der Wissenschaft. Sie will vielmehr die Tiefendimension des Menschen aufzeigen, den Zusammenhang, ohne den das Leben seine Mitte verliert. Die Wahrheit der Bibel erstreckt sich also nur auf die Glaubensaussagen. Diese Glaubensaussagen sind aber nicht in dürren Begriffen und philosophischen Formulierungen gegeben, sondern in Bildern und Gleichnissen. Man kann von Gott im Grunde wohl nur in Bildern und Gleichnissen sprechen. Und der Orient, in dem die Hl. Schrift entstanden ist, liebt diese Bildersprache besonders. Zu ihr hat eigentlich jeder Zugang. Der Mensch ohne große Vorbildung versteht sie, und auch dem Menschen mit großer Gelehrtheit hat sie etwas zu sagen.

Daß die Hl. Schrift ein Glaubensbuch ist, ergibt sich auch schon aus der Tatsache, daß sie ja niedergeschriebene Predigt enthält. Sie ist das Predigtbuch des alttestamentlichen Gottesvolkes bzw. das Predigtbuch der jungen Kirche. Sie berichtet also nicht einfach, was gewesen ist, sondern was werden soll. Die Folge ist: Man kann die Hl. Schrift nicht unbeteiligt lesen. Der französische Theologe Louis Evely hat einmal gesagt, man könne die Hl. Schrift überhaupt nur unter dem Stichwort lesen: »Du selbst bist dieser Mensch!« Man selbst ist gemeint. Es wird ja die Geschichte Gottes mit den Menschen berichtet. Es wird erzählt, was Menschen mit Gott erfahren haben. Diese Geschichte Gottes mit den Menschen geschieht aber heute genauso wie damals. Die Rollen sind fast immer die gleichen. Nur die Darsteller wechseln. Wenn von König David berichtet wird oder von Judas, von Kain und Abel, vom barmherzigen Samariter, vom Turmbau zu Babel und dem Sprachwunder an Pfingsten, immer ist das nicht nur etwas, was irgendwann einmal geschehen ist. Es ist

Gegenwart. Wir sollen erkennen, wie Gott an uns handelt und wie wir es ihm vergelten. Wir sollen erkennen, wer Gott ist und wer wir selbst sind. Wir sollen unsere Rolle in der Geschichte Gottes mit uns Menschen aussuchen. Wir sollen zur Selbsterkenntnis und zum Wandel kommen.

Wenn die Hl. Schrift ein Predigtbuch ist, dann darf man auch nicht einzelne Sätze aus dem Zusammenhang reißen und sie als Beweisstücke für irgend etwas nehmen. So tun das manche Sekten. Jeder Satz der Hl. Schrift wird nur aus dem Zusammenhang heraus verständlich, in dem er gesprochen oder doch niedergeschrieben wurde. Er erhält seinen Sinn aus der Situation, für die er so ausgesagt wurde. Letztlich ist jeder Satz nur aus dem Ganzen der Hl. Schrift zu verstehen. So kann die Hl. Schrift auch kein Rezeptbuch für christliches Leben von heute sein. Man muß sie vielmehr lesen, um festzustellen, aus welchem Geist Jesus gelebt und Antworten auf die Fragen seiner Zeit gegeben hat. Aus demselben Geist müssen wir Antworten auf die oft ganz anderen Fragen unserer Zeit geben. Das kann natürlich nicht der einzelne allein. Er ist da überfordert. Die Hl. Schrift – besonders des Neuen Testamentes – ist das Buch der Kirche. Sie ist als Glaubenszeugnis der jungen Kirche entstanden. Sie besteht ja nicht aus Notizen, mit denen jemand die Worte und Taten Jesu unmittelbar festgehalten hätte. Die Schriften des Neuen Testamentes sind ja erst einige Jahrzehnte nach dem Tod Jesu geschrieben worden. Sie sind Zeugnis und Niederschlag des Glaubens der Apostel, der Glaubenserfahrungen, die sie mit Jesus gemacht hatten. Deshalb kann auch die Kirche, d.h. die Gemeinschaft der Gläubigen, nur wiedererkennen, was die Bibel sagen will. Im Gespräch miteinander – unter Hilfe desselben Hl. Geistes, der auch beim Verfassen der Hl. Schrift dabei war – wird deutlich, wie wir die Hl. Schrift zu verstehen haben. Bei diesem Gespräch haben nicht nur Bischöfe, Priester und Theologen das Wort. Allen Gläubigen ist ja Gottes Geist gegeben. So sollen sie in diesem Gespräch auch alle ihren Beitrag leisten. Die Hl. Schrift ruft sie ja auf, die Erfahrungen mit Gott, von denen sie berichtet, in der Gemeinde heute neu zu machen. Und von diesen Erfahrungen her geht der Gemeinde erst recht das Verständnis der Hl. Schrift auf. So wird verhindert, daß sich jeder nur seinen eigenen Willen aus der Hl. Schrift herausliest.

Fragen der Kinder und Antworten

»Wie ist die Bibel entstanden?« (E. 7 Jahre)

Zur Bibel gehört zunächst einmal das sogenannte »Alte Testament«. Das sind Schriften aus dem jüdischen Volk, aus der Zeit, bevor Jesus gelebt hat. Dann das »Neue Testament«. Es enthält, was die Apostel von Jesus gehört und mit ihm erlebt haben.
»Testament« bedeutet dabei soviel wie »Bund«. Gott schloß zuerst mit dem Volk Israel einen Bund (Altes Testament). Es sollte sein Volk sein. Alle Menschen sollten durch dieses Volk erkennen, wer Gott ist und wie Menschen zusammenleben sollen. Als dies Volk aber Jesus nicht erkannte, schloß Gott einen neuen Bund (Neues Testament) mit den Menschen.

Zunächst: Wie ist das Alte Testament entstanden?

Es ist in einem Zeitraum von etwa 800 Jahren aufgeschrieben worden und enthält Geschichte Gottes mit den Menschen: Wie Gott den Menschen gut erschaffen hat, die Menschen aber böse geworden sind; wie Gott sich ein Volk aussucht, das seinen Willen tun soll; wie auch dieses Volk immer wieder böse wird und anderen Götzen dient; wie Gott Männer zu diesem Volk sendet, die man Propheten nennt; sie sollen das Volk ermahnen, Gottes Willen zu tun und es auf seine

Aufgabe hinweisen: Volk Gottes unter den Menschen dieser Welt zu sein; wie Gott diesem Volk immer wieder hilft, damit es auf dem richtigen Weg bleibt. Schließlich wie Gott seinem Volk den Messias verheißt, der in seinem Auftrag zu dem Volk kommen wird, um ihm den Frieden zu bringen. All das ist in den Büchern des sogenannten Alten Testaments aufgeschrieben.

Das Neue Testament

Jesus hatte seinen Freunden, also seinen Aposteln und Jüngern, nicht den Auftrag gegeben, etwas über ihn aufzuschreiben. Er hatte ihnen aber gesagt, allen Menschen von ihm zu erzählen und seine Wahrheit überall zu verkündigen. Und die Apostel und Jünger haben das nach dem Tode Jesu auch getan. Der eine oder andere Hörer hat sich dann nach einer Predigt mal eine Gleichnisgeschichte oder die Erzählung von einem Wunder Jesu aufgeschrieben, damit er es sich besser merken konnte. Schließlich gab es eine Reihe von Zetteln. Auf ihnen war etwas darüber aufgeschrieben von dem, was Jesus gesagt und was er getan hatte. Da sammelte der hl. Markus diese Stücke und schrieb sie mit dem, was er noch so wußte und was unter den Freunden Jesu und in den Gemeinden von ihm erzählt wurde, zum ersten Evangelium zusammen. Evangelium nannte man diese Schrift, d.h. »Frohe Botschaft« oder »Gute Nachricht«; denn was Jesus den Menschen von Gott gebracht hatte, war ja für alle Menschen eine gute Nachricht. Und den Schreiber eines solchen Evangeliums nannte man deshalb Evangelisten. Nach ihm versuchten noch drei andere Männer etwas aus dem Leben und der Botschaft Jesu aufzuschreiben: Matthäus, Lukas und Johannes. Matthäus und Lukas benutzten dabei die Schrift des Markus und schrieben manches dazu, was ihnen besonders wichtig erschien. Johannes schrieb schließlich unabhängig von den dreien noch ein 4. Evangelium. Alle vier wollten nicht eine Geschichte des Lebens Jesu aufschreiben. Sie schrieben vielmehr auf, was sie den Menschen predigten. Sie wollten ihnen zeigen, daß in Jesus Gott unter den Menschen gegenwärtig war. Sie wollten weitergeben, was dieser Jesus deshalb für uns bedeutet. Die Apostel predigten im ganzen Gebiet um das Mittelmeer herum. Es war damals noch schwer zu reisen. Es gab ja all die Verkehrsmittel unserer Zeit noch nicht. Deshalb konnten sie nicht so schnell von einem Ort zum anderen reisen. Da kam es nun vor, daß eine Gemeinde, in der ein Apostel gerade gewesen war, ihm einen Boten nachschickte. Er sollte ihm einige Fragen stellen. Nach der Abreise des Apostels waren in der Gemeinde wieder einige Zweifel entstanden, einige Fragen aufgetaucht. Man wollte sie dem Apostel zur Beantwortung vorlegen. Damit der Apostel nun aber nicht wieder in diese Gemeinde mühsam zurückreisen mußte, schrieb er die Antworten in einem Brief an die Gemeinde und gab ihn dem Boten mit. Der las ihn dann zu Hause in seiner Gemeinde vor. Man gab ihn aber auch anderen Gemeinden in der Nachbarschaft zum Lesen. Diese Briefe und die vier Evangelien wurden dann später erst zu einem Buch zusammengefaßt, das wir das Neue Testament oder die Bibel nennen.

»Was soll die Hl. Schrift bedeuten?« (Br. 8 Jahre)

Die Hl. Schrift oder Bibel erzählt Geschichte Gottes mit den Menschen. Sie soll dem Menschen zeigen, wer Gott ist und wer wir Menschen sind, wie gut Gott zu uns Menschen ist und wie schlecht wir ihm das oft danken. So soll der Leser oder der Hörer der Hl. Schrift mit Gott vertrauter, also gläubiger werden. Dadurch soll er auch so leben, wie Gott es sich für die Menschen gedacht hat und wie es für sie und ihr Zusammenleben auch am besten ist. Das »Alte Testament« wollte noch dazu aufrufen, ein Volk Gottes zu bilden. In ihm sollte der Wille Gottes in besonderer Weise erfüllt werden. Dadurch sollten alle Menschen der Erde in diesem Volk das

Wirken Gottes erkennen und so an ihn glauben. Auch die Hl. Schrift des »Neuen Testamentes« wollte aufrufen, ein solches Gottesvolk zu bilden. Da das alttestamentliche Gottesvolk Jesus nicht erkannt und ihn ans Kreuz geschlagen hatte, wollte Gott sich ein neues Volk bilden. Dies neue Gottesvolk bestand zunächst aus den Freunden Jesu, die mit ihm zusammengelebt und an ihn geglaubt hatten. Dann kamen alle die dazu, die auf das Wort der Apostel und deren Nachfolger an Jesus glaubten und auch seine Freunde werden wollten. Man nannte dieses neue Volk Gottes dann auch die »Kirche« oder die »Gemeinde«. Diese Kirche soll nun heute in ganz besonderer Weise das leben, was Jesus gesagt und getan hat. So sollen die übrigen Menschen das sehen und auch zum Glauben kommen. Du siehst, das Buch der Hl. Schrift tut es nicht allein. Gott braucht Menschen, die das miteinander leben, was in diesem Buch aufgeschrieben ist. Deshalb lesen wir auch in jeder Hl. Messe aus der Schrift vor. Da kommt ja die Gemeinde zusammen, also die, die Freunde Jesu sein wollen. Gemeinsam wollen wir dann versuchen, das zu tun, was Jesus uns vorgelebt hat.

»Warum darf man die Hl. Schrift nicht wörtlich nehmen?«
(M. 12 Jahre)

Zuerst einmal liegt das daran, daß man von Gott nur in Bildern sprechen kann. Die Hl. Schrift enthält ja Geschichte Gottes mit den Menschen. Sie will zeigen, wer Gott und wer wir Menschen sind. Wer Gott ist, das kann man aber nicht so einfach beschreiben. Man kann das nur in Bildern und Gleichnissen tun. Diese Bilder muß man dann deuten. Dazu kommt, daß die Menschen im Orient, wo die Hl. Schrift entstanden ist, die bilderreiche Sprache auch sehr lieben, viel mehr als wir in Europa. Nun muß ich dir aber deine Frage getrennt für die Hl. Schrift des »Alten« und »Neuen Testaments« beantworten, also für das Buch, das aus der Zeit vor

Jesus Christus stammt und das andere, das wiedergibt, was die Apostel mit Jesus erfahren haben.

Das »Alte Testament« ist in den Jahren 1000 bis 100 vor Christus geschrieben worden, also immerhin in einer Zeit, die 2000 bis 3000 Jahre zurückliegt. Damals gab es das meiste noch nicht, was uns vertraut ist: z.B. Technik und Wissenschaft. Man schrieb auf, was das Volk der Juden mit Gott erlebt hatte. Dadurch wollte man das Volk aufrufen, Gott treu zu sein. Man schrieb das auf in den Bildern und Vorstellungen der damaligen Zeit.

So wußte man z.B. damals noch nicht, daß die Erde eine Kugel ist, und wie diese Erde entstanden ist und das Leben auf ihr.

Man wollte auch gar nicht eine wissenschaftliche Beschreibung der Entstehung der Erde oder des Ablaufes der Geschichte geben. Man wollte nur zeigen, was Gott alles für die Menschen getan hatte und wie schlecht ihm die Menschen das gedankt hatten. Wenn man nun die Hl. Schrift des »Alten Testaments« liest, so darf man sie nicht lesen als ein wissenschaftliches Buch, das uns berichtet, wie alles einmal gewesen ist. Man muß sie lesen als Glaubensbuch, das uns sagt, wer Gott ist und wie er zu uns ist, und wer wir Menschen sind und wie wir leben sollen.

Auch die Verfasser des »Neuen Testaments« wollten keine genaue Geschichte des Lebens Jesu geben. Sie wollten vielmehr sagen, was sie von diesem Jesus Christus erkannt hatten und glaubten. Sie wollten weitergeben, was dieser Jesus Christus für uns bedeutet. Deshalb war ihnen nicht so wichtig, warum und wo und wie etwas im Leben Jesu passiert war. Wichtig war ihnen, daß sie den Menschen klarmachten, wer dieser Jesus war, daß Gott in ihm uns Menschen sichtbar geworden war und daß wir als seine Freunde leben sollten.

»Wer ist auf die 10 Gebote gekommen?« (A.M. 8 Jahre)

In der Geschichte von der Gesetzgebung auf dem Berg Sinai faßt das gläubige Volk Israel seine Erfahrungen mit Gott zusammen. All das, was es von der Einzigartigkeit Gottes und seiner Autorität in seiner Geschichte erfahren hatte, trägt es in dieser Geschichte zusammen (siehe besonders 1. bis 3. Gebot). Der Inhalt des 4. bis 10. Gebotes ist nicht nur den Menschen des jüdischen Volkes bekannt gewesen. Schon vor ihnen wußten die Menschen um diese Lebensregeln. Der Inhalt dieser Gebote ist ja auch mit dem Verstand zu erkennen. Eine Gemeinschaft kann nur bestehen, wenn sie diese Gebote hält. Menschen können nur zusammenleben, wenn sie sich nicht bestehlen, belügen, morden usw. So wußte auch das jüdische Volk von diesen Gesetzen, aber da die ganze Welt für sie von Gott kommt, wußten sie, daß auch diese Gebote von Gott stammen. Es waren Lebensgesetze, die von Gott kamen, der ja auch das Leben geschenkt hatte. Dieser Gott hatte aber mit ihnen, seinem auserwählten Volk, einen Bund geschlossen. Einmal im Jahr kam daher das Volk zusammen, um sich an diesen Bund zu erinnern. Dabei wurde verkündet, was Gott alles schon für sein Volk getan hatte. Dann wurden aber auch die Forderungen verkündet, die Gott an sein Volk Israel hatte. Bundesschlüsse oder Verträge wurden im Orient immer schriftlich festgehalten. Deshalb wird man auch die Forderungen Gottes an sein Volk bald aufgezeichnet haben. So entstand dann wohl auch die Geschichte von der ersten Aufzeichnung am Berge Sinai. Damit sollten sich diese Gesetze dem Volk besonders einprägen.

5 Glauben

In unserem Leben mit Gott rechnen

Vorbemerkungen für den Erwachsenen

Wir sind noch gewohnt, Glauben zu erklären als »Für-wahr-Halten, was Gott uns geoffenbart hat«. Danach ist Glauben so eine besondere Art von Wissen. Glauben ist aber viel mehr. Glauben heißt so viel wie mit Gott in seinem Leben rechnen. Glauben heißt, Gott so wirklich nehmen wie all die Dinge, die uns oft so aufdringlich umgeben. Gerade der christliche Glaube und vor ihm schon der Glaube des alttestamentlichen Volkes redet ja nicht von einem Gott, der fern von uns lebt. Gott ist in der Bibel vielmehr der, der sich in der Geschichte des Menschen engagiert. Man kann ihn in seinem Leben, in der Geschichte finden und erfahren. Die Hl. Schrift des alten und neuen Bundes ist ja nichts anderes als niedergeschriebene Erfahrung der Menschen mit Gott.
Er, der uns erschaffen hat, lebt in und mit seiner Schöpfung. So gibt er uns in der Offenbarung, besonders in Jesus Christus, den Entwurf für unser Leben, für unsere Gesellschaft. Für diesen Entwurf und nach ihm lohnt es sich zu leben. Glauben ist also nicht weltflüchtiges Tun, sondern Sinngebung und Interpretation unseres Lebens. Gerade in den letzten Jahren wird doch wieder zunehmend die Frage gestellt nach einem Sinn des Lebens, nach einer Ausrichtung. Mehr und mehr Menschen erkennen, daß Wohlstand allein nicht alle Fragen beantwortet. Im Gegenteil, gerade der Wohlstand, der viele Bedürfnisse befriedigt hat, läßt neue Fragen entstehen: Wofür lohnt es sich zu leben? Arbeit, Geldverdienen und Konsum, das kann doch nicht alles sein? Was gibt es darüber hinaus? Was ist der Sinn des Lebens?

Wir müssen den jungen Menschen – und auch uns selbst – eine Antwort geben. Es hat sich doch gezeigt, daß es nicht genügt, der Jugend nur durch Geld sowie schulische und berufliche Ausbildung eine Basis für ihr Leben zu geben. Eltern sind einfach unrealistisch, wenn sie immer noch meinen, das genüge. Realistisch ist nur, wer mit tiefen und weiterreichenden Fragen rechnet und auch Kinder und Jugendliche darauf vorbereitet. Sonst könnten sie einmal trotz aller materiellen Sicherung gerade an diesen Fragen und Problemen scheitern. Dann würden sie uns zu Recht Vorwürfe machen, daß wir sie hier im Stich gelassen haben.

Christus gibt uns nun eine Antwort, die seit 2000 Jahren vielen Menschen half, mit ihrem Leben fertig zu werden, weil es die Antwort Gottes ist. Natürlich ist Glauben auch ein Risiko, wie das ganze Leben. Alle Versicherungen können uns dies Risiko des Lebens nicht abnehmen: wofür setze ich mein Leben ein? Nach welchen Werten richte ich es auf? Wird es mir gelingen? Diesen Fragen auszuweichen, scheint mir aber das größere Risiko. Die Gestalt Jesu Christi ist geeignet, es mit ihm zu wagen.

Fragen der Kinder und Antworten

»Warum glauben wir an Gott?« (C. 9 Jahre)

Unser Leben wirft viele Fragen auf. Wir schauen in die Welt. Wir sehen die Schönheit und Vielfalt in der Natur und fragen: Woher kommt das alles? Die Wissenschaftler und Forscher berichten uns über die Gesetze und die wunderbare Ordnung in der Natur oder z.B. über die gewaltige Kraft, die in den Atomen liegt. Wir bewundern die Arbeit der Wissenschaftler, aber wir fragen auch weiter: Wer hat das alles ausgedacht, entworfen, geplant und durchgeführt? Muß der nicht

unendlich viel weiser und mächtiger sein als die Menschen? Ihnen gelingt es ja nur nach und nach, kleine Teile der Naturgesetze und Kräfte der Erde zu erforschen. Da entdecken die Forscher die Weite des Weltalls. Da fliegen Menschen zum Mond und brauchen ein paar Tage dafür. Da hören wir von den Geschwindigkeiten und Entfernungen im Weltall. Das Licht durchläuft 300 000 km in der Sekunde. Es gibt Sterne, die sind mehrere Lichtjahre von uns entfernt, d.h. das Licht braucht Jahre, um von den Sternen zu uns zu kommen. Bei solchen Entfernungen steht uns fast der Verstand still. Und es kommt wieder die Frage: Soll das alles entworfen sein, durchgeführt sein und Bestand haben ohne eine mächtige Kraft, eine große Weisheit, die das gemacht hat?
Da lebt der Mensch, und er hat einen Verstand und fragt sich: Wo komme ich her und was wird mit mir, wenn ich sterbe? Hat das Leben einen Sinn? Hat ein Mensch einfach nur Pech gehabt, wenn er krank geboren ist, vielleicht ein ganzes Leben gelähmt? Alle Menschen haben das Streben, ganz glücklich zu werden. Aber man erreicht das im Leben oft nur für kurze Augenblicke, mancher nie. Ist das Streben nach Glück also umsonst? Dann wäre der Mensch noch ärmer dran als jedes Tier?
Und da machte nun ein Volk die Erfahrung, daß diese Kraft, Weisheit und Macht, die alles erschaffen hat, sich für uns Menschen interessiert. Sie spüren die Hilfe dieser Kraft und Weisheit in der Geschichte ihres Volkes. Sie nennen sie Gott. Es ist das sogenannte auserwählte, das jüdische Volk. Viele Jahrhunderte hindurch erfährt dieses Volk die Nähe und Kraft Gottes. Er spricht zu ihnen durch auserwählte Männer und verkündet ihnen einen ganz besonderen Sendboten. Er beantwortet viele Fragen, die wir Menschen haben, ja er sagt viel mehr als wir uns zu erträumen wagten. Jesus sagt, daß diese Kraft und Weisheit, die alles erschaffen hat, uns Menschen liebt und uns seine Freundschaft anbieten möchte. Er sagt uns, daß er will, daß wir glücklich werden, daß Gott wie ein Vater zu uns ist. Er erklärt uns, wie wir glücklich werden

können, indem wir gut zueinander sind und einander helfen. Er verspricht uns, daß wir einmal für immer zu Gott kommen sollen. Und die Menschen, die ihn sehen, sind begeistert von ihm. Die Menschen sagen: »Der redet wie einer, der Macht hat, und nicht wie die Pharisäer und Schriftgelehrten.« Er wendet sich besonders den armen und kranken Menschen zu. Aber die Menschen, die Macht und Einfluß haben, fürchten ihn und lassen ihn töten. Sie hoffen, damit ihre Ruhe zu haben. Er aber zeigt seinen verzweifelten Jüngern, daß er lebt, daß er heimgekehrt ist zu Gott. Die Jünger und die Christen wurden seither immer wieder genauso wie Jesus bedroht und bekämpft. Aber der Glaube an diesen Jesus bleibt nun schon über 2000 Jahre lebendig. Noch heute fasziniert er viele Menschen, genau wie damals vor 2000 Jahren. Da sollten wir nicht an Gott glauben? Für mich ist er die Wahrheit, die Lösung vieler Fragen, der beste Entwurf für unser Leben.

Es gibt Menschen, die das alles ablehnen. Sie glauben nicht; denn den Glauben an Gott und an Jesus kann man nicht beweisen, so wie man beweisen kann, daß $2 \times 2 = 4$ ist. Man kann ihn nur einsichtig machen und nahebringen, auf seine Spuren hinweisen. Wir können aber sehr dankbar sein, daß wir glauben dürfen.

»Was ist ein Christ?« (Chr. 8 Jahre)

Ein Christ ist ein Mensch, der daran glaubt, daß in Jesus Christus Gott für uns sichtbar und hörbar geworden ist. Deshalb versucht er nun so wie Jesus Christus zu leben, aus dessen Gesinnung und Haltung heraus zu entscheiden und zu handeln. Christsein heißt an Gott glauben, heißt also nicht nur zu wissen, daß es einen Gott gibt, sondern mit diesem Gott leben – jeden Tag.

»Warum gibt es so viele Menschen, die nicht an Gott glauben?« (L. 7 Jahre)

Da gibt es wohl fast so viele Gründe wie Menschen. Manche kommen nicht zum Glauben, weil ihre Eltern sie nicht zum Glauben an Gott geführt haben. Andere haben irgend etwas Schweres erlebt, einen Unglücksfall, Krieg oder was immer. Deshalb glauben sie nun nicht mehr an Gott. Wieder andere kommen in Gesellschaft von Menschen, die ungläubig sind, und verlieren so ihren Glauben. Andere möchten nicht gerne das tun, was Gott will. Der größte Teil aber vergißt Gott einfach immer mehr. Sie sind so beschäftigt mit ihrem Alltag, der Familie, dem Beruf, dem Geldverdienen, daß sie Gott mehr und mehr vergessen. Sie nehmen sich keine Zeit mehr zu beten, zum Gottesdienst, für Gedanken an Gott, und so verlieren sie immer mehr die Verbindung zu ihm. Die Bequemlichkeit und die Gedankenlosigkeit macht die meisten Menschen ungläubig. Und Gott drängt sich ja nicht auf. Er bietet seine Freundschaft nur an. Er zwingt niemand.

»Wie ist es möglich, daß manche Eltern ihren Kindern nichts von Gott sagen und gar nicht darauf achten, daß die Kinder zum Kindergottesdienst gehen?« (St. 10 Jahre)

Mutter: »Die Eltern, die ihren Kindern nichts von Gott sagen, glauben selbst nicht an ihn oder wissen so wenig, daß sie lieber nicht darüber sprechen. Und wenn sie Gott nicht lieben, dann scheint es für sie auch nicht wichtig, es ihren Kindern zu sagen.«
St.: »Können die Leute denn froh sein, wenn sie nichts von Gott wissen wollen?«
Mutter: »Die Leute sind so mit anderen Dingen beschäftigt, daß sie sich gar keine Zeit nehmen, an Gott zu denken. Und wenn sie mal ein schlechtes Gewissen haben, dann sagen sie sich schnell, daß sie noch so viel Wichtiges zu tun hätten.

Dann denken sie daran, wie sie noch Geld verdienen können und was sie sich noch kaufen können. Und über dieser Beschäftigung vergessen sie Gott dann wieder. Und sie denken: man kann schon zufrieden und glücklich sein, wenn man alles und genug hat. Aber auch bei solchen Menschen kommen immer wieder Stunden, in denen die Frage kommt: »Reicht das alles? Ist das alles genug?«

6 Gebet

Sich Gott zur Verfügung stellen

Vorbemerkungen für den Erwachsenen

Das Gottesbild der Bibel zeigt uns nicht einen weltfernen Gott, sondern einen Gott, der sich in der und an der Geschichte des Menschen engagiert. Mitten in ihrer Geschichte zeigt er sich am Werk: im Alten Testament in der Geschichte seines Volkes Israel und im Neuen Testament in Jesus Christus. Glauben heißt von daher nicht nur um die Existenz Gottes wissen, sondern mit diesem Gott mitten in der Geschichte dieser Welt, mitten in meinem Leben rechnen. Konkret wird dieser Glaube besonders im Gebet. Hier zeigt sich, ob ich mit Gott rechne. Gebet heißt so viel wie sich diesem Gott stellen. Das ist das Wesentliche am Gebet, längst bevor ich es einteile in Bitt-, Lob- oder Dankgebet. Gebet heißt, sich dem in meinem Leben gegenwärtigen Gott stellen. Das erfordert, daß man Gott nicht übersieht. Allzuschnell vergißt man ihn über all dem, was sich da in den Vordergrund drängt. Gebet heißt das Auge schärfen für die Gegenwart Gottes.

Dann heißt beten auch erkennen und sich immer wieder neu bewußt machen, daß der Mensch sich nicht selbst genügt. Wir sind ständig in Gefahr, uns selbst in den Mittelpunkt zu rücken.

Beten nimmt uns aus dem Mittelpunkt heraus und holt einen anderen dorthin. Von ihm weiß man sich nun abhängig. Beten heißt weiterhin, sich nach diesem Gott ausrichten und nach dem Leitbild, das er uns in Jesus Christus gegeben hat. Beten, auch Bittgebet, heißt ja nicht Gott umstimmen, damit er tut, was wir wollen. Beten heißt uns umstimmen, damit wir tun, was Gott will; denn Gott liebt uns ja. Wir sind die Hindernisse, daß seine Liebe nicht so recht bei uns ankommt und uns wandelt. Deshalb sollte Bittgebet auch immer uns miteinbeziehen und nicht nur auf etwas gerichtet sein, was Gott tun soll. Ein solches Gebet wäre dann nicht mehr nur eine Formalität am Rande des Tages. Es wäre wesentliches Stück unseres Lebensvollzuges, weil es uns vor und mit Gott in die richtige Perspektive bringt und unserem Leben Ausrichtung gibt.

Fragen der Kinder und Antworten

»Warum beten wir, damit komme ich nicht so recht aus?«
(S. 8 Jahre)

Beten heißt so viel wie mit Gott sprechen. Wenn du z.B. mit deiner Freundin nicht mehr sprichst, dann wirst du sie bald vergessen. Nur wenn man Zeit füreinander hat, bleibt auch die Freundschaft miteinander bestehen. Man wird durch das Gespräch mit dem anderen, dadurch, daß man sich mit ihm beschäftigt, wieder ein bißchen mehr mit ihm verbunden. Im Gebet schenken wir Gott ein wenig Zeit. Wir beschäftigen uns mit ihm, damit unsere Freundschaft bestehenbleibt und stärker wird. Das ist wohl das Wichtigste beim Gebet. Ein Mensch, der nicht mehr betet, ist in Gefahr, die Freundschaft mit Gott zu verlieren, ja, Gott zu vergessen. Er ist immer mit irgend etwas anderem beschäftigt. Gott tritt für ihn immer mehr in den Hintergrund. Beten heißt aber, Gott in die Mitte des Lebens holen, in die Mitte unserer Aufmerksamkeit. Und wenn wir das tun, dann werden wir uns auch fragen: Was erwartet Gott von mir? Ich versuche, mich nach seinem Willen auszurichten, nach der Gesinnung, wie er sie uns in Jesus Christus gezeigt hat. Dann hilft er mir auch, ein bißchen besser zu werden, um mit den Menschen etwas besser auszukommen, ihnen mehr zu verzeihen, gut zu allen zu sein. Das ist das Zweite beim Gebet: daß wir durch das Sprechen mit Gott ihm ein wenig ähnlicher werden.

»Warum bitten wir Gott um etwas?« (Cl. 10 Jahre)

Das ist eigentlich ganz natürlich, daß wir Gott um etwas bitten. Wenn man einen guten Freund hat, dann wird man ihm doch auch seine Nöte und Sorgen erzählen und ihn um seine Hilfe fragen. Ja, gerade dies Bitten kann und wird die Freundschaft miteinander stärken. Wenn der Freund allerdings nur dazu da wäre und nur dann angegangen würde, wenn man etwas braucht, so wäre das keine Freundschaft, sondern eine Bettelei. Genauso wäre es, wenn unser Gebet nur im Bitten bestehen würde. Dann kämen wir wie Händler zu Gott. Wenn man Gott in seinen Nöten um etwas bittet, so zeigt man dadurch auch, daß man von ihm abhängig ist, daß wir nicht alles aus uns können. Wir zeigen und lernen dadurch, daß unser ganzes Leben von Gott gegeben ist und abhängt. So wird auch das Bittgebet unsere Freundschaft zu ihm vertiefen.
Der eigentliche Sinn des Bittgebetes ist also auch, die Freundschaft mit Gott zu erhalten und zu vertiefen. Es geht beim Bittgebet ja nicht darum, Gott erst umzustimmen. Wir brauchen Gott nicht erst zu bitten, daß er gut zu uns sein soll. Die Heiden dachten sich das oft so, daß sie Gott erst umstimmen müßten, und sie haben viel angestellt, um das zu erreichen. Manchmal haben sie sich sogar Wunden zugefügt und Geschenke gebracht, weil sie dachten, dann muß doch der Gott oder die Götter Mitleid mit ihnen haben und ihnen nun wohl gesonnen werden. Wir wissen ja durch Jesus Christus, daß Gott uns alle sehr liebt. Deshalb brauchen wir nicht durch langes Gebet erst das Wohlwollen Gottes zu erflehen. Nicht Gott muß geändert werden. Wir sollen geändert wer-

den; denn wir sind ja das Hindernis, daß die Liebe Gottes uns oft nicht erreichen kann.

»Ob es hilft, wenn man Gott um schönes Wetter bittet?«
(P. 9 Jahre)

Wenn man sich selber sorgt, weil man irgendwann einmal schönes Wetter braucht, so kann man Gott ruhig darum bitten. Natürlich darfst du nicht erstaunt sein, wenn das Gebet nicht so erhört wird, wie du dir das denkst; denn das Wetter läuft ja nach bestimmten Gesetzen ab, die Gott der Natur gegeben hat. Er kann sie ja nicht immer wieder ändern. Aber sieh mal, wenn dich etwas bedrückt, dann erzählst du es mir ja auch. Manchmal kann ich auch nicht helfen. Aber es hilft dir schon, wenn du es mir erzählst und ich dir zuhöre. Du weißt, du bist mit deinen Sorgen nicht allein. So wird man auch einem Freund vieles erzählen. Manchmal weiß man von vornherein, daß er einem nicht helfen kann, aber es tröstet einen schon, daß jemand für mich da ist. Ein Schwerkranker bittet um den Besuch seiner Angehörigen. Sie können ihm nicht helfen. Aber es tröstet ihn doch, daß sie da sind. So ist es auch mit den Sorgen, die wir Gott vortragen. Man weiß manchmal, daß Gott für uns da keine Ausnahme machen kann, daß er nicht für uns die Natur ändert, aber es hilft schon, wenn man durch das Gebet sich daran erinnert und spürt, daß er da ist. Man wird dann ruhiger aus diesem Glauben. Sieh mal: Viele kranke Menschen fahren nach Lourdes, das ist ein Wallfahrtsort in Frankreich, um gesund zu werden. Sie bitten Gott ganz inständig, daß er sie gesund macht. Die meisten werden nicht gesund. Man sagt aber, das größte Wunder sei, daß sie nicht verbittert und traurig zurückkommen, sondern daß sie getröstet wurden. Die Gemeinschaft im Gebet hilft ihnen, ihr Leid leichter zu ertragen. (Eine Mutter aus unserer Gemeinde sagte ihrem Kleinkind dazu: »Es ist ein großer Trost, daß wir großen Leute zu

Gott sprechen können. Deshalb wollen wir dir auch von ihm erzählen. Man bekommt nicht alles so, wie man es möchte, aber zu wissen, daß er immer bei uns ist, ist eine große Hilfe!«)

»Habt ihr denn wirklich schon empfunden, daß Gott euch geholfen hat!« (M. 8 Jahre)

(Diese Frage ist natürlich eine ganz persönliche Frage, eine Frage an den persönlichen Glauben der Eltern, die persönliche Gotteserfahrung und deshalb allgemein schwer zu beantworten. Jeder muß die Antwort mit seinem Erleben füllen. Nur dann ist sie ganz echt.)
Gott hilft mir schon dadurch, daß ich durch Jesus Christus um seine Liebe zu mir weiß. Jeder Mensch braucht jemand, der ihn liebt, der ihn anerkennt, der »ja« zu ihm sagt. Wenn ein Mensch niemand findet, der so zu ihm steht, wird er verzweifeln. Wir haben nun durch Jesus Christus die Gewißheit, daß Gott, der Herr und Schöpfer der Welt, so zu uns steht, daß er ganz persönlich zu mir »ja« sagt, daß er mich liebt. Und daß er diese Liebe nie von mir nimmt. Höchstens ich kann seiner Liebe weglaufen. Aber selbst wenn ich sündige, bleibt seine Liebe zu mir. Das ist eine wunderbare Gewißheit. Selbst wenn kein Mensch etwas von mir wissen wollte, er hielte mich doch für so wertvoll und wichtig, daß er mich liebte. Nun schenkt er mir aber seine Liebe auch noch durch die Schönheiten der Natur, durch die viele Liebe, die ich durch andere Menschen schon erleben, und die Liebe, die ich anderen schenken durfte. Und die Liebe Gottes wird mich einmal erwarten, mich aufnehmen, wenn meine Lebenskraft nachläßt und ich sterbe. Dann wird Gott auch sein großes »Ja« zu mir sagen. Glaubst du, dieses Wissen ist die größte Hilfe, die Gott mir gegeben hat.
(Dann könnte man noch persönliche Gotteserlebnisse anfügen.)

»Warum sagen wir Gott im Gebet etwas? Er weiß doch schon alles.« (Cl. 6 Jahre)

Wir sprechen ja mit Gott nicht, um ihm etwas Neues mitzuteilen, sondern um die Freundschaft mit ihm zu bewahren. So bespricht man ja auch mit Freunden etwas, was beide schon wissen. Man spricht darüber, weil etwas einem sehr viel Freude oder sehr viel Kummer gemacht hat. Man spricht darüber, weil einen etwas sehr bewegt. Man spricht darüber, weil man Rat und Hilfe braucht. Durch das Sprechen miteinander wird die Freundschaft vertieft. So ist es auch zwischen uns und Gott.

7 Messe – Gottesdienst

Sichtbare Freundschaft mit Gott
und den Menschen

Vorbemerkungen für den Erwachsenen

Viele Erwachsene haben kein rechtes Verhältnis zu Messe und Gottesdienst. Deshalb können sie es dann auch ihren Kindern nicht vermitteln. Das liegt zum Teil daran, daß früher die Messe zu sehr unter dem Gebot und der Androhung von Sünde stand. Statt dessen hätte man den Meßbesuch mehr von seinem Sinn her begründen sollen. Auf die Frage: »Warum soll ich zur Messe gehen?« bekam man aber etwa zur Antwort: »Weil das sonst kein Sonntag ist!« (oder: »Weil es Gebot ist!« oder: »Weil man sonst eine Sünde tut.«) Diese Begründungen reichen natürlich heute nicht mehr aus, in einer Zeit, in der gesellschaftliche und kirchliche Sanktionen mehr und mehr an Bedeutung verlieren. Für viele ist Messe aber immer noch mit Zwang verbunden.

Manchmal hat man den Eindruck, daß sich viele Erwachsene immer noch dadurch beweisen müssen, wie frei sie doch sind, daß sie nicht zur Kirche gehen. Sie haben gar nicht erkannt, daß es heute fast umgekehrt ein Beweis der Freiheit ist, wenn man zur Messe geht. Die größere Zahl geht ja nicht und folgt dem Trend der Zeit und der eigenen Bequemlichkeit.

Die Kirche hat sich in der Verkündigung und im Religionsunterricht zu sehr auf das Gebot verlassen, statt den Sinn der Messe deutlich zu machen. Diesen leichteren Weg sind auch die meisten Eltern in der religiösen Erziehung ihrer Kinder gegangen. Das Ergebnis haben wir heute. In Wirklichkeit ist Christsein von Messe nur schwer zu trennen. Ich will das gleich begründen. Damit meine ich nicht, daß jeder, der zur Messe geht, deshalb schon ein guter Christ ist. Und auch umgekehrt: Nicht jeder, der draußen ist, ist deshalb schon ein schlechter Christ. Allerdings verwahre ich mich überall gegen die billige Redeweise: »Die in die Kirche gehen, das sind die Schlimmsten!« Nach diesem häufig anzutreffenden Gerede müßte es schon auf einen schlechten Christen hindeuten, wenn jemand in die Kirche geht. Umgekehrt genügt es anscheinend schon, sonntags zu Hause zu bleiben, um ein guter Christ zu sein. Vor solchen Vereinfachungen sollte man sich in jeder Richtung hüten.

Dennoch behaupte ich, daß Christsein von Messe nicht zu trennen ist; denn in der Messe ist das, was Christus gewollt hat, wie in einem Brennspiegel eingefangen. Es geht Jesus doch darum, die Freundschaft der Menschen mit Gott und untereinander zu bewirken. Beides ist aber in der Messe dargestellt und wird auch für den bewirkt, der ehrlich mittut. Natürlich wirkt die Messe nicht automatisch. Sie führt uns aber handgreiflich vor Augen, was Gott von uns will. Und jeder, der ehrlich mittut, den weist sie auf den rechten Weg. Heute kann man auch zunehmend bei vielen Gottesdienstbesuchern – zumal in mehr städtischen Gegenden – voraussetzen, daß sie es aus Überzeugung tun.

Die Jugend sucht heute nach etwas, wofür es sich zu leben lohnt. Sie sagt, das Leben könne nicht nur im Geldverdienen und Konsumieren bestehen. Hier hat sie nun ein Leitbild in der Messe. Aus dem Wissen um einen gemeinsamen Vater sollen sich die Christen um die Brüderlichkeit mit allen Menschen bemühen, oder, anders ausgedrückt, um Solidarität. Die Messe ist wie ein Entwurf einer gerechten Gesellschaft, die doch heute so viele anstreben.

Messe soll nicht nur »gefeiert«, sie muß gelebt werden. Messe bildet so etwas wie eine Kontrastgesellschaft zur Umwelt. Hier soll jeder akzeptiert und anerkannt werden, weil alle einen gemeinsamen Vater haben, der sie ja auch alle anerkennt. In der Gesellschaft ist das oft anders. Da soll nun von der Messe eine gesellschaftsverändernde Kraft ausgehen. Aber diese Gesellschaftsveränderung wird nicht wie eine Ideologie über den einzelnen hinweggehen. Hier wird ja deutlich, daß der einzelne vor Gott, dem Vater aller, einen unendlichen Wert hat. Deshalb darf man ihn nicht um einer Ideologie willen opfern. Messe soll gelebt werden. Zunächst in der Gemeinde. Das brachten die ersten christlichen Gemeinden in ihren besten Zeiten noch fertig. Paulus schreibt begeistert von ihnen, daß »da nicht mehr gelte, ob einer Sklave oder Freier, Jude oder Grieche, Mann oder Frau ist«. Alle Gräben waren zugeschüttet, Mauern niedergerissen. Und die Außenstehenden sagten: »Seht, wie gut sie zueinander sind!« Dann wurde aber leider auch die Kirche zu einer Klassengesellschaft. Die Feier des Abendmahls verlor ihre prägende Kraft. Sie wurde zum Kult, zum heiligen Schauspiel, das man Gott darbot. Sie sollte aber zuerst ein Zeichen sein, das Gott uns schenkt. Messe sollte vom Abendmahl her ja nicht Gott verändern. Das wäre heidnische Auffassung! Meßfeier soll uns verändern. Zuerst soll die Gemeinde vom Geist Jesu Christi, vom Geist des Abendmahles geprägt werden. Sie sollte die Kontrastgesellschaft auch im Alltag verwirklichen, die sie bei der Messe darstellt. So sollte die Gemeinde, von der Messe geprägt, heilende Einflüsse auf die Umwelt ausüben. So würde Schritt um Schritt das Gottesreich entstehen.

Von daher muß auch folgender Einwand mancher Menschen als vollkommen abwegig verstummen, den man oft hören kann: »Ich gehe in den Wald, da kann ich besser zu meinem Herrgott beten!« Es geht eben nicht um dieses persönliche Frömmigkeitserlebnis eines Naturgottes. Es geht vielmehr darum, sich dem Auftrag Christi in der Gemeinde zu stellen, dem Auftrag dessen, der gesagt hat: »Wenn zwei oder drei in meinem Namen versammelt sind, da bin ich mitten unter ihnen!« Natürlich hat die Kirche auch hier manche Schuld. Sie hat die Messe oft nicht so gestaltet, daß sie dem Sinn Rechnung trug, den Jesus in sie hineingelegt hat. Aus vielen Meßfeiern konnte und kann man, so wie sie gestaltet werden, oft nur wenig von dem mitreißenden Anstoß Christi entdecken. Da müßten sich die Christen alle mehr engagieren, um ihre Messen besser zu gestalten. Bei der Messe gibt es ja keine Zuschauer, sondern nur Mithandelnde. Die Messe dürfte auch nicht eine so traurige Angelegenheit sein, wie es manchmal der Fall ist. Messe soll ja eine Festfeier sein, in der etwas vom österlichen Sieg und der Freude Christi enthalten ist. Etwas von der Hoffnung auf die endgültige Vollendung dieses Mahles in der ewigen Gemeinschaft mit Gott müßte spürbar werden. So müßte jede Messe Freude und Hoffnung in uns wecken, die uns für eine Woche Kraft gibt. Wir müßten uns auf unsere gottesdienstliche Versammlung am Sonntag in der Gemeinde freuen.

Da kann dann wohl auch das sogenannte persönliche Bedürfnis nicht mehr Maßstab für die Häufigkeit des Gottesdienstbesuches sein. Messe ist – wie das ganze Christentum – nicht unter die Hobbys am Rande des Lebens einzureihen, die dann drankommen, wenn noch Zeit übrigbleibt.

Wenn man die Messe nur nach persönlichem Bedürfnis aufsucht, besteht die Gefahr, daß man sie immer weniger aufsucht. Das Bedürfnis schwindet, wenn man immer weniger Bezug zur Messe hat.

Von daher ist auch die viel erörterte Frage zu beantworten, ob man Kinder etwa zur Messe zwingen soll. Natürlich nicht! Wir haben ja erlebt, wohin der Zwang führt. Aber einfach freistellen kann man es auch nicht. Das Kind und im Grunde auch der Erwachsene wären da wohl überfordert. Zwischen Zwingen und Freistellen steht ja noch die Selbstverpflichtung. Man geht zur Messe, weil man die Messe als etwas Sinnvolles und Zentrales im Christenleben erkannt hat. Man geht deshalb auch dann, wenn die Bequemlichkeit einen daran hindern möchte. Man kann den Kindern das gut vom Gedanken der Freundschaft klarmachen. Eine Freundschaft und eine Liebe kann man nicht davon abhängig machen, ob man gerade Lust dazu hat. Das wäre gar keine Freundschaft und Liebe! Vater und Mutter sorgen sich auch nicht nur für die Kinder und arbeiten für sie, wenn sie gerade Lust dazu haben. Eine Freundschaft und eine Liebe müßten sogar Schaden nehmen oder ganz aufhören, wenn man sich keine Zeit füreinander nimmt. Wichtig ist hier natürlich, daß das Kind spürt, daß hinter den Worten der Eltern auch ihre Überzeugung und die Tat steht.

Ein Problem ist für viele Eltern, wie sie die Gegenwart Gottes im Brot den Kindern erklären können. Der Ausdruck von der Verwandlung in Fleisch und Blut ist für viele schwer verständlich. Gerade dies scheint mir ein Beispiel dafür zu sein, daß man manchmal die Formulierung ändern muß, gerade um der Wahrheit treu zu bleiben. Als diese Lehre von der »Transsubstantiation«, also der Verwandlung, formuliert wurde, verstand man unter den verwendeten Begriffen etwas anderes als heute. Unter »Substanz« (= Selbstand) verstand man in der scholastischen Philosophie das Wesen, also gerade das Unsichtbare einer Sache. Das Sichtbare nannte man »Akzidenz« (= Das was hinzukommt). So sagte man nun: die »Substanz« des Brotes und Weines; das, was es für uns bedeutet: also nicht mehr Brot und Wein, um den Körper zu stärken und bei Kraft zu halten).

Die »Akzidentien« bleiben (also etwa: Geschmack und Farbe von Brot und Wein). Heute verstehen wir unter diesen Begriffen etwas ganz anderes. Unter »Substanz« versteht man etwa in der Chemie heute gerade das, was man früher unter »Akzidenz« verstand, nämlich: das materiell Faßbare. Wenn man entsprechend dem heutigen Verständnis nun sagen würde: »Die Substanz des Brotes wandelt sich«, dann würde man gerade etwas Falsches darunter verstehen. So hat man versucht, das Geheimnis der Gegenwart Gottes im Brot für unsere Zeit neu zu erklären. Man sagt: Das Brot wird in der Messe seinem gewöhnlichen Gebrauch entzogen. Gott nimmt es in Dienst. Er macht es zum Zeichen seiner Gegenwart. Wenn wir das Brot empfangen, kommt Gott zu uns. Damit soll nicht die wirkliche Gegenwart Gottes abgelehnt werden. Im Gegenteil! Gerade sie soll den Menschen unserer Zeit nahegebracht werden. Es soll ihnen klarwerden, daß es keine sachliche, materielle Gegenwart ist, sondern eine personale! So ist eben auch unsere Begegnung mit Gott beim Kommunionempfang eine personale.

»Fleisch« und »Blut« waren bei den Juden eben nicht Teile des Menschen, sondern standen für den ganzen Menschen. Wenn Jesus sagte: »Das ist mein Fleisch!« und »Das ist mein Blut!«, dann will er sagen: »Das bin ich!« Schon im Johannesevangelium wird die »fleischlich verstandene« Gegenwart Gottes zurückgewiesen. Es heißt dort: »Die Worte, die ich zu euch gesagt habe, sind Geist und Leben. Der Geist ist es, der lebendig macht. Das Fleisch nutzt nichts« (Joh 6,63).

So sind die Voraussetzungen heute gegeben, der Messe wieder die zentrale Stellung zu geben, die sie in unserem Glauben hat. Man darf nur nicht die Mühe des Umdenkens scheuen.

Fragen der Kinder und Antworten

»Warum müssen wir in die Kirche gehen?« (M. 8 Jahre)
»Warum brauchen wir die Messe?« (S. 7 Jahre)

Die hl. Messe ist das Essen, zu dem Jesus seine Freunde einlädt. Wenn wir die Freundschaft mit Jesus und über ihn mit Gott halten wollen, dann können wir doch seine Einladung nicht einfach ausschlagen. Sieh mal, wenn du deine Freunde zum Geburtstag einlädst, dann möchtest du doch auch, daß alle kommen. Und wenn einer nicht kommt, einfach weil er keine Lust hat, dann meinst du doch, daß es mit seiner Freundschaft zu dir nicht recht stimmt. Sonst müßte er doch gern kommen. Und wenn er öfter deine Einladung ausschlägt, dann merkst du, daß er wohl gar nicht mehr dein

Freund sein will. Soll das nun für deine Freundschaft mit Gott ganz gleichgültig sein, wenn du seine Einladung zur Messe ausschlägst? In der Kirche kommen zur hl. Messe doch die Freunde Jesu, also die Gemeinde, zusammen, um sein Mahl zu feiern. Sie sollen dadurch in der Freundschaft zu Gott und in der Freundschaft untereinander bestärkt werden. Dazu hatte Jesus ja zum Abschied vor seinem Tod zum ersten Mal seine Jünger zu diesem Essen eingeladen. Und er hatte ihnen aufgetragen, es immer wieder so zu tun. Er wollte, daß sie nie vergessen, daß er ihnen seine Freundschaft anbietet und sie auch miteinander wie Freunde umgehen sollten. Oder sieh mal, wenn dein Freund N. jetzt wegziehen würde und du könntest dich nicht mehr mit ihm treffen. Ihr würdet euch vielleicht versprechen, immer zu schreiben. Aber dann hättest du keine Lust mehr. Und er wüßte auch nicht mehr recht, was er dir schreiben sollte. Die Briefe würden immer seltener und eure Freundschaft immer schwächer. Nach einigen Monaten oder Jahren wüßtest du gar nichts mehr von ihm. Du hättest kein Interesse mehr an ihm. Deine Freundschaft mit ihm wäre zu Ende. Und schließlich würde dir vielleicht nicht einmal mehr sein Name einfallen. So kann es einem auch mit Gott gehen, wenn man die Treffen mit Gott, wie sie besonders in der Messe gegeben sind, vernachlässigt. Und die meisten Menschen haben ihren Glauben, ihre Freundschaft mit Gott wohl auch so verloren.

»*Warum sind N. und N. (fast erwachsene Kinder aus der Verwandtschaft) am Feiertag nicht mit zur Kirche gegangen?*« (St. 10 Jahre)

Mutter: »Sie sind nicht gegangen, weil sie zu faul zum Aufstehen waren, da sie bis sehr spät gefeiert haben.«
St. darauf: »Wieso haben sie nicht früh genug aufgehört, wenn sie dann nicht für den Gottesdienst wach werden?«
Mutter: »Weil sie die hl. Messe am Sonntag leider nicht mehr

für so wichtig halten, sondern sie nur als Belastung ansehen.«
St.: »Warum achten dann Tante und Onkel nicht darauf und sorgen dafür, daß ihre Kinder zur Kirche gehen?«
Mutter: »Die Kinder sind schon so groß, daß die Eltern nicht mehr über sie bestimmen können. Solange sie klein waren, mußten sie immer mitgehen. Aber wahrscheinlich sind sie nie so richtig gern und freiwillig mitgegangen. So waren sie froh, daß sie endlich groß genug waren, so daß sie nicht mehr auf ihre Eltern zu hören brauchten.«
St.: »Haben sie's denn jemals richtig begriffen, daß Gott sie liebhat und daß es ganz wichtig ist zu tun, was Jesus will?«
Mutter: »Wahrscheinlich haben sie es nicht so ganz tief begriffen und niemals Freude dabei gefunden, Freunde von Christus zu sein.«
St.: »Ist es für Eltern schlimm, wenn ihre Kinder nicht glauben und nichts von Gott wissen wollen?«
Mutter: »Für mich wäre es sehr traurig, und so ist es sicher auch für alle Eltern, die selbst Gott liebhaben.«
St.: »Warum ist die Tante auch nicht in die Kirche gegangen mit uns?«
Mutter: »Wir haben sie gefragt, aber sie sagte, daß sie kochen müsse. Ich wollte ihr beim Kochen helfen, dann hätte sie mitgehen können. Sie sagte aber, die Tochter müsse schon so früh zum Dienst, da ginge es nicht. So blieb sie zu Hause!«
St.: »Seid ihr da nicht feige gewesen, wenn ihr ihnen nicht ganz deutlich Bescheid gesagt habt? Als richtige Christen müßte man da doch sagen, daß es verkehrt ist, lieber zu kochen, als zur Kirche zu gehen?«
Mutter: Wir mußten gestehen, daß wir feige waren. Zwar hatten wir einen lockeren Widerstand angebracht, aber ein ernsthaftes Gespräch haben wir nicht gesucht.

»*Was bedeutet es denn am Ende der Messe, wenn der Pfarrer sagt: Gehet hin in Frieden?*« (St. 8 Jahre)

Das bedeutet, daß wir nach der hl. Messe nicht einfach heimgehen sollen und alles vergessen, was wir gehört und erlebt haben, und dann wieder Böses tun, vieles falsch machen und Unfrieden stiften. Wir sollen dafür sorgen, daß mehr Friede und Freude in die Welt kommt, und sollen uns Mühe geben, zu allen gut zu sein. Da müßte es eigentlich noch besser heißen: »Geht hin und bringt Frieden zu allen Menschen!«

»*Warum müssen die Leute, die schon die hl. Kommunion hatten, die Hostie essen?*« (N. 6 Jahre)
»*Warum gehen die Kinder zur Ersten hl. Kommunion?*«
(R. 6 Jahre)
»*Warum gehen wir zur hl. Kommunion?*« (S. 7 Jahre)

Als Jesus wußte, daß der Neid und der Haß der Menschen ihn bald töten würden, überlegte er sich, was er den Menschen, seinen Freunden, für ein Abschiedsgeschenk hinterlassen könnte. Er wußte ja, daß sie ihn und seine Hilfe brauchen, damit sie die Freundschaft mit Gott halten könnten. Er hatte ja in seinem Leben gesehen, daß es gar nicht so leicht war, die Menschen für die Freundschaft mit Gott zu gewinnen und sie darin zu bewahren. So würde es nach seinem Weggehen noch schwieriger sein. Da würden seine Feinde, die ihn getötet hatten, nun auch kommen, um seine Freunde einzuschüchtern und sie vom Glauben an ihn abzubringen. Da brauchten sie Kraft. Er kannte aber auch die Bequemlichkeit und die Vergeßlichkeit der Menschen. Er wußte, wie schnell Menschen auch ihre Freunde vergessen und verlassen, wenn sie sich nicht mehr mit ihnen treffen konnten. Und da Gott unsichtbar ist, suchte er nach einer Weise, wie er sich in einem Zeichen auch weiterhin für sie sichtbar machen könnte.

Da fand er, das Essen sei ein gutes Zeichen dafür; denn wenn Menschen ihren Freunden zeigen, daß sie sie gut leiden können, dann laden sie sie ein. Wenn Menschen ihre Freundschaft untereinander bewahren und vertiefen wollen, dann treffen sie sich, unterhalten sich und essen und trinken etwas miteinander. So nahm er die Messe mit der hl. Kommunion als das Zeichen, wie er unter den Menschen sein wollte. Sie würden, wenn sie zur hl. Kommunion gingen, in der Freundschaft mit ihm , im Glauben an ihn gestärkt. Und sie würden durch dieses Treffen mit ihm auch einander wieder Mut machen zum Glauben. Sie würden darin gestärkt, miteinander und mit allen Menschen so gut umzugehen, wie er es in seinem Leben getan hatte. Die Leute könnten dann an dem Brot auch erkennen, daß sie ihn genauso notwendig brauchten wie das tägliche Brot. Das tägliche Brot erhält sie am Leben, und dieses Brot der Messe erhält das Leben der Gemeinschaft und Freundschaft mit Gott.

»Warum gehen nicht alle zur Kommunion?« (K. 8 Jahre)
(Durch die Antwort darf keiner diskriminiert werden.)

Das weiß ich natürlich nicht genau. Aber vielleicht denken manche, daß sie nicht gut genug sind, Gott bei sich zu empfangen. Das ist sicher richtig, wenn man sich diese Frage stellt. Aber Jesus hat ja die hl. Messe und die hl. Kommunion nicht eingesetzt als Belohnung für die Guten, sondern für alle, die sich Mühe geben wollen, als seine Freunde zu leben.

»Wie kam denn Gott in das Brot hinein, wenn er nicht hineingebacken wurde?« (Kl. 5 Jahre)
»Gott ist zwar im Brot, aber wie kommt er rein?« (H. 7 Jahre)

Gott sucht sich für uns Menschen immer wieder sichtbar zu machen. Das tat er einmal durch Jesus Christus, also einen

Menschen, durch den er zu uns sprechen konnte. Er konnte uns so auch vorleben, wie er ist und wie wir sein sollen. Als Jesus nun wieder in die Unsichtbarkeit des Vaters zurückging, da wollte er aber doch auch in einem sichtbaren Zeichen bei uns Menschen bleiben. Dazu suchte er das Brot aus; denn Brot ist etwas, was wir Menschen notwendig brauchen. Wir essen das Brot und es gibt uns dadurch Kraft. Genauso notwendig brauchen wir die Gemeinschaft mit Gott. Genauso kommt er zu uns, um in uns zu leben und bei uns zu sein. Ähnlich wie Gott den Menschen Jesus auswählte, um sichtbar bei uns zu sein, so nimmt er heute das Brot der hl. Kommunion, um sichtbar zu uns zu kommen. Wenn Gott selbst etwas Sichtbares wäre, wie Zucker oder Mehl, dann müßte man ihn hineinbacken. Dann müßte er erst in das Brot hineinkommen. Der unsichtbare Gott, der alles mit Leben erfüllt, der braucht nicht in das Brot hineinzukommen. Er braucht uns nur durch Jesus und durch den Priester bei der hl. Messe zu sagen, daß er das Brot zum sichtbaren Zeichen seiner Gegenwart macht. Dann wissen wir im Glauben, daß Gott zu uns kommt, wenn wir dies Brot empfangen.
Darum wissen wir, daß dies Brot nicht mehr einfaches Brot ist wie vorher, sondern die Gemeinschaft mit Gott bringt.

»Wie macht Gott denn das, daß er sein Fleisch in Brot und sein Blut in Wein verwandelt?« (L. 8 Jahre)

Wenn wir von »Verwandeln« sprechen, dann meinen wir nicht, daß das Brot nachher etwa nicht mehr wie Brot aussieht und der Wein nicht mehr wie Wein. Bei der hl. Kommunion schmeckt ja die Hostie auch wie Brot und der Wein im Kelch wie Wein. Aber es ist nicht mehr gewöhnliches Essen und Trinken, wie wir es zu Hause zu uns nehmen, um gesund und kräftig zu bleiben. Dieses Brot und dieser Wein ist etwas anderes geworden. Deshalb sagen wir auch: Es hat sich verwandelt. Mit diesem Brot und diesem Wein kommt Gott zu uns. Wenn Jesus sagte: Das ist mein Fleisch und das ist mein Blut, dann wollte er so viel sagen wie: Das bin ich. So wie ihr mich jetzt in Fleisch und Blut sichtbar vor euch seht, so wird dann das Brot für euch das Zeichen dafür sein, daß ich da bin.

8 Leid

Verantwortung für das Leid

Vorbemerkungen für den Erwachsenen

Ein Glaubensproblem ist für die Menschen immer die Frage nach dem Leid gewesen. Besonders verschärft wurde dies Problem für viele durch eine besondere Art des Vorsehungsglaubens. Danach hat Gott alles vorherbestimmt. Es geschieht nichts, wenn er das nicht will. Ich habe schon mit vielen Menschen diskutiert, von denen gar nicht so wenige die Auffassung vertraten: Wenn das von Gott so bestimmt ist, dann kann man dem nicht entkommen. Wenn mir z.B. der Tod an dem Tag bestimmt ist, dann sterbe ich. Wenn ich nicht die Kellertreppe runterstürze, dann laufe ich eben in ein Auto. Da kann man nichts dran ändern.
Diese Auffassung hebt ja die Freiheit des Menschen völlig auf. Das ist Fatalismus! Alles ist Schicksal! Eine solche Auffassung ist aus dem christlichen Glauben jedenfalls nicht abzuleiten. Gott hat den Menschen doch die Freiheit als höchstes Gut gegeben. Verstand und freier Wille ist das, was uns von den Tieren unterscheidet und Gott ebenbildlich macht. Daß Gott nicht alles vorbestimmt, sollte schon an der Tatsache der Sünde klarwerden. Sonst wäre ja die Verantwortlichkeit des Menschen mit seiner Freiheit aufgehoben und Gott auch Urheber der Sünde. Gott bestimmt den Menschen nicht vorher. Natürlich sind dem Menschen Grenzen gesetzt: in seiner Lebenszeit (alles Leben verbraucht sich), in seinen Fähigkeiten (Veranlagungen, Umwelt, Erziehung etc.), in seinen Möglichkeiten (Ausbildung, Armut etc.), und in manchem anderen mehr. Aber innerhalb dieser Grenzen ist er verantwortlich. Da läßt Gott ihm Raum. Wenn jemand

sich angetrunken an das Steuer seines Wagens setzt und jemand totfährt, kann man doch nicht sagen: Gott hat diesen Tod bestimmt. Wenn jemand eine Brücke falsch berechnet und sie zusammenstürzt, kann man doch nicht Gott dafür verantwortlich machen. Ein falscher Vorsehungsglaube, der Gott alle Entscheidungen zuschob, hat uns da verblendet. Der richtige Vorsehungsglaube besagt, daß Gott einen Plan für diese Welt hat. Er hat ihn uns besonders durch Jesus Christus bekanntgegeben. Aber wir Menschen sollen diesen Plan mit all unseren Fähigkeiten durchführen. Die Hl. Schrift gebraucht für diesen Auftrag das Bild vom Verwalter.

Kinder – und nicht nur Kinder – haben solche Schwierigkeiten auch aufgrund ihrer Allmachtsvorstellung. Gott kann doch alles tun. Warum tut er es nicht? Der 3jährige Christoph sagt: »Gott kann alles, Sachen, die Mama nicht kann!« Daraus zieht er z.B. die Folgerung: »Warum läßt er es denn auch auf mich regnen und nicht nur auf die Pflanzen? Ich möchte doch spielen!« Das kann zu der Spielerei führen: »Kann Gott auch machen, daß das Wasser bergauf läuft?« bis hin zu dem noch sinnloseren: »Kann er einen Kreis machen, der viereckig ist?« Das kann aber auch dazu führen, daß die Liebe und Güte Gottes verdunkelt wird, weil Gott dann an allem Leid schuld ist.

Eine Mutter sagte mir einmal dazu: »Ich habe für meine Kinder die Allmacht Gottes abgeschafft.« Sie erklärte das dann so: Gott hat ja doch durch die Freiheit, die er den Menschen gab, seine Allmacht begrenzt. Nun sind die Menschen am Zug und können nicht immer auf Gottes Allmacht starren. Aus diesem Grund sollte man ja auch bei Gebeten mit Kindern nie Gott allein das Tun zuschieben – also nicht beten: »Gib den Hungernden etwas zu essen!«, sondern etwa: »Gib uns und allen Menschen so viel Liebe, daß wir es besser fertigbringen, mit den Hungernden zu teilen!«

Eine Vorstellung, die dazu verleitet, den untätigen Gott anzuprangern, ist auch jenes Gottesbild, das sich Gott auf einem Thron über der Welt vorstellt. Er besieht sich da alles

aus ruhiger Distanz. Dann kommt natürlich die Frage: Warum greift er nicht ein? Auch hier könnte man zunächst sagen: Er kann doch dem Menschen die Freiheit, die er ihm gab, nicht gleich wieder nehmen. Dann hätte er nur Tiere erschaffen dürfen, die ihrem Instinkt folgen. Dann hätte er uns aber auch keinen Verstand geben dürfen; denn Menschen mit Verstand ohne freien Willen wären ärger dran als die Tiere. Übrigens können ja auch Eltern nicht verhindern, daß ihre Kinder eigene und nicht immer die richtigen Wege gehen. Wenn und weil sie die Freiheit haben, muß man das Risiko eingehen.
Oder lieben Eltern ihr Kind, wenn sie ihm jede Selbständigkeit vorenthalten, um es vor Fehlern und Schaden zu bewahren? Würde Gott den Menschen lieben und achten, wenn er ihm die Möglichkeit vorenthielte, zu wählen, sich zu entscheiden und auch zu lieben? Wenn man liebt, muß man auch die Freiheit der anderen achten, auch die Freiheit des Irrtums, das Wagnis der Fehler. Der Versuch, andere vor allen Fehlern und Wagnissen zu bewahren, ist im Grunde selbstsüchtig, achtet den anderen nicht. Gott liebt so, daß er das Wagnis der Freiheit und der Sünde auf sich genommen hat. Er konnte das um so mehr, als er wußte, daß auch der Mensch in der Sünde von seiner Liebe gesucht wird.
Man muß zu dem falschen Gottesbild aber auch noch folgendes sagen: Gott sitzt gar nicht als der große distanzierte Zuschauer der Welt gegenüber. Er ist mitten in der Entwicklung drin. Er ist mit seiner Kraft bei uns. Nur lenken wir die Kraft oft anders. Er leidet dann mit uns. Gott ist nicht der distanzierte Zuschauer. Er kann aber oft nichts anderes tun als uns unsere Sünden verzeihen und uns wieder aufnehmen. Er sichert uns zu, daß wir nie aus seiner Liebe herausfallen. Diese Liebe kann uns aber nicht alles aus dem Weg räumen. Das alles zeigt sich am deutlichsten im Leben Jesu. Die Liebe Gottes, die doch auf diesem Jesus in besonderer Weise ruht, bewahrt ihn nicht vor dem Leiden, das Menschen ihm bereiten. Aber die Liebe Gottes verläßt ihn auch nicht. In dem Au-

genblick, in dem er am Kreuz, von allen verlassen, am bittersten Ende des Leidens angelangt ist, nimmt Gott ihn zu sich auf und bereitet ihm in der Auferstehung seinen Sieg. Im Kreuz Christi wird uns klar, daß Gott nicht der distanzierte Zuschauer ist, sondern daß er gerade im Leid mit uns solidarisch ist, daß er mit uns leidet.

Unerklärt bleibt dabei noch das Leid durch Naturkatastrophen. Ich bekam von keinem der Kinder eine Frage dazu, möchte es aber doch nicht übergehen. Müßte man nicht sagen: Wenn sonst schon an vielem Leid die Menschen in ihrer Freiheit selbst schuld sind, hier werden sie doch von dem Leid überfallen, das sie nicht verursachen? Aber hängt das nicht damit zusammen, daß Gott nicht eine fertige Welt schuf, sondern eine Welt im Werden? Ich bin nicht genug Naturwissenschaftler. Vielleicht ist die Kenntnis der Natur auch noch nicht vollständig genug. Aber gründen nicht die Naturkatastrophen in Kräften, die zum Ablauf der Welt notwendig sind? Zum Teil können sie sicher noch durch menschliche Erkenntniskraft gebannt werden (z.B. Überschwemmungen), zum Teil aber müssen sie wohl einfach als die Kehrseite der Medaille hingenommen werden. Man kann nicht die Sonne haben ohne ihre auch versengende Kraft, das Meer nicht ohne seine auch zerstörende Wirkung, das Feuer nicht ohne seine auch verderbliche Macht.

Bleibt noch die Frage nach dem Leid durch Krankheit und Tod. Auch hier haben die Menschen ja schon viele Hilfe geschaffen, und wir könnten sicher Menschen in anderen Erdteilen noch mehr helfen. Aber Krankheit und Tod wird bleiben, weil Leben auf dieser Erde nicht für ewig ist. Alles Leben auf dieser Erde vergeht. Wäre das Leben auf dieser Erde aber überhaupt für ewig erstrebenswert? Würden die Menschen nicht vielleicht auch ohne jedes Leid, auch ohne das Leid durch Werden und Vergehen, sehr hart zueinander? Das Leiden bleibt trotz all unserer Versuche letztlich doch ein Geheimnis, das wir nie ganz klären werden.

Auch das Kreuz Christi löst das Rätsel des Leides nicht. Es

macht es höchstens ertragbar, weil es Hoffnung gibt. Es zeigt, daß Leid nicht nur zerstörerisch ist, sondern auch Weg zu Gott sein kann. Das Kreuz zeigt, wie falsch unser Gottesbild ist. Gott ist für uns immer nur die Allmacht. Und immer haben Menschen versucht, sich der Allmacht Gottes zu bedienen, um die eigene Machtvorstellung zu stärken. Da kann man die Priesterschaften aller Religionen aufzählen, die Kaiser und Könige mit ihrem Gottesgnadentum, das Volk Israel und die Jünger Jesu mit der Erwartung eines Messiasherrschers, der ihre Macht stärken sollte. Endlich die Christen vieler Jahrhunderte. Sie haben die Sakramente und Segnungen der Kirche magisch mißverstanden, um sich göttliche Kraft zu verschaffen, Gott und Religion als Mittel gebraucht, um sich Gottes Macht für ihr Wohlergehen dienstbar zu machen. Und oft, wenn der Handel nicht klappte, wenn der gewünschte Erfolg nicht eintraf, dann wurden sie an Gott und Glauben irre. »Ich hab doch viel getan. Warum gibt mir Gott das Gewünschte nicht. Warum muß ich leiden!« Dabei hatte Gott nicht versprochen, uns seine Macht zu schenken, sondern seine Liebe. Das Kreuz Christi zeigt keine herrschende Allmacht, sondern eine gekreuzigte Allmacht. Es macht uns ganz deutlich, daß, wer mit Gott gehen und leben will, nicht erwarten kann, deshalb schon auf der Straße der Macht und des Erfolges zu gehen. Wer mit Gott gehen und leben will, der geht vielmehr auf der Seite der Liebe. Er kann jedenfalls nichts anderes erwarten. Es ist ihm nichts anderes versprochen.

Ist Gott gar nicht mächtig? Doch, er ist sogar so mächtig, daß er sich die Liebe leisten kann. Und wenn man sich an ihn anschließt, dann gewinnt man Anteil an seiner Macht. Dann braucht man nicht jedem Vorteil nachzujagen. Dann kann man sich auch die Liebe leisten. Auch diese Liebe erweist sich dann als Macht. »Ich bete an die Macht der Liebe!« heißt es im Lied. Aber das ist eine andere Macht, eine Macht, die nicht herrschen, sondern verwandeln will, und das nicht ohne Leiden. Macht als Herrschermacht will Leid von sich abwälzen auf andere. Die Macht der Liebe will verwandeln, notfalls auch um den Preis des Leidens. Das ist wohl das unterscheidend Christliche. Das Kreuz zeigt uns eine gekreuzigte Allmacht. Von daher gewinnt auch die Frage des Leidens eine neue Dimension, einen neuen Sinn und eine neue Hoffnung!

Fragen der Kinder und Antworten

»Warum hat Gott meinen Hamster sterben lassen?«
(Chr. 6 Jahre)

Als Antwort gelang es in diesem Fall der Mutter, dem Kind sein Verschulden deutlich zu machen, daß es nicht recht für das Tier gesorgt hatte.
Man hätte auch darauf hinweisen können, daß ein Tier wie auch der Mensch nach einer gewissen Zeit verbraucht ist und es dann besser für das Tier ist, wenn es stirbt.

»Warum hilft Gott nicht?« (M. 8 Jahre)

Gott hilft den Menschen dadurch, daß er sie am Leben erhält, ihnen die Voraussetzung für das Leben auf der Erde geschaffen hat und die Welt so schön für sie gemacht hat. Er hilft ihnen auch, daß er die Gemeinschaft von Menschen geschaffen hat, in denen es Freundschaft, Liebe und Mitgefühl gibt.
Er hilft ihnen dadurch, daß er ihnen den Verstand, freien Willen und Erfindungsgabe geschenkt hat.
Er hilft ihnen dadurch, daß er ihnen seine Kraft der Liebe anbietet, damit sie gut sein können zueinander.
Nun sollen sie aber sich selbst gegenseitig helfen. Sie sollen

ihren Verstand verwenden, um alle Möglichkeiten der Erde auszunutzen, um einander zu helfen.

»Wenn Gott alles vorausschauen kann, warum haben es dann die Kinder in Vietnam nicht besser?« (J. 9 Jahre)
»Warum macht Gott nicht, daß in Saigon der Krieg aufhört?« (M. 7 Jahre)
»Warum werden die Soldaten gezwungen, in den Krieg zu gehen und auf andere Menschen zu schießen? Warum macht Gott da nichts?« (C. 9 Jahre)

Böse Menschen, die einander beherrschen wollen, fangen den Krieg an. Sie möchten mehr Macht und Einfluß über andere haben. Sie möchten mehr Reichtum. Dann leiden alle in dem Gebiet mit, auch die Unschuldigen. Gott hat den Menschen die Kraft zur Liebe gegeben und ihnen durch Jesus Christus gesagt, daß sie gut miteinander umgehen sollen. Er will sie aber nicht dazu zwingen. Er hat ihnen ja als das schönste Geschenk die Freiheit gegeben. Wenn wir die Freiheit nicht hätten, wären wir ja den Tieren ähnlich, ja noch schlimmer dran. Wir hätten dann die Erkenntnis, könnten ihr aber nicht folgen. Nicht Gott ist schuld am Krieg. Die Schuld trifft die Menschen.

»Warum herrscht Krieg auf der Erde? Es wird doch immer gesagt: Wir seien Brüder. Davon merke ich nichts!« (Js. 8 Jahre)

Sieh mal, schon unter Geschwistern geht es oft schon nicht so zu, wie es sein sollte. Sie zanken sich, streiten sich. Manchmal machen sie sich aus Zorn gegenseitig das Spielzeug kaputt. Manchmal tun sie sich sogar sehr weh. Das ist unter den Erwachsenen nicht besser. Im Gegenteil, da sie größer sind, fügen sie sich oft viel schlimmeres Unheil zu. Manchmal gibt es unter Brüdern sogar Haß. Du kennst ja die biblische Geschichte von Kain und Abel, in der deutlich werden soll, wie weit das Böse unter den Menschen gehen kann. Es ist nun wahr, daß alle Menschen Brüder sind; denn sie haben ja den gemeinsamen Vater. Das heißt aber noch nicht, daß sie sich wie gute Brüder zueinander verhalten. Sie sollten es tun und Gott bietet ihnen auch dazu seine Hilfe an. Oft wollen sie es aber nicht. Sie versprechen sich einen Vorteil davon, wenn sie andere beiseiteschieben oder Krieg gegen sie anfangen. Gott will, daß wir wie gute Brüder leben, aber er will und kann es nicht erzwingen. Wir müssen es tun.

»Wenn die Leute Krieg machen, warum schenkt ihnen Gott das Leben, wenn sie sich dann doch totschießen?« (R. 8 Jahre)

Gott schenkt ihnen ja das Leben nicht, damit sie sich totschießen, sondern damit sie glücklich werden. Das andere tun die Menschen. Sieh, wenn ich jemandem Werkzeuge gebe, weil er sich etwas reparieren will, und er geht hin und macht damit einen Einbruch, so bin ich doch nicht an dem Einbruch schuldig. Das hat er allein getan und allein zu verantworten. Ich habe das nicht gewollt. Man kann das meiste Gute auch zum Schlechten verwenden. So eben auch das Leben und die Freiheit, die Gott uns gegeben hat.

»Warum handeln Politiker so, daß es zum Krieg kommt, und richten sich nicht nach Gott?« (C. 9 Jahre)

Sie versprechen sich von ihrem bösen Tun Vorteile. Sie wollen mehr Macht, mehr Land oder mehr Reichtum für ihr Land und auch für sich. Da ist ihnen dann gleichgültig, ob sie den Willen Gottes übertreten. Wenn sie nur Erfolg haben.

»Warum gibt es viele Länder, in denen Armut herrscht?«
(Fr. 7 Jahre)

Manche Länder haben die Industrie schon hochentwickelt, andere sind noch sehr zurück. Die Menschen können dort oft noch nicht lesen und schreiben. Sie wissen nicht, wie man tiefe Brunnen gräbt, Land bewässert, Land mit Maschinen bebaut, Kranke pflegt und vieles mehr. So leben sie in Armut. Aber in anderen Ländern, so z.B. bei uns, leben die Menschen im Wohlstand. Sie haben Geld und wissen das alles, was den armen Ländern fehlt. Nun sollten die Menschen – so hat sich Gott das gedacht – untereinander teilen. Wir sollten den anderen mehr helfen mit unserem Geld und mit unserem Wissen. Dann könnte die Not behoben werden. Gott hat auf der Erde so viel erschaffen, daß es für alle reicht. Aber die wohlhabenden Länder und die wohlhabenden Menschen denken mehr an sich als an die anderen. Deshalb bleibt die Armut. Sieh mal, wir könnten ja auch noch auf manches verzichten! Auch du! Wir könnten mal auf ein schönes Kleid verzichten, auf ein Spielzeug, auf manches gute Essen. Und wir könnten es den Hungernden geben. Wie wär's, wenn wir mal anfangen, für einen Menschen den Hunger oder die Armut zu beseitigen? Wenn viele das tun, kann die bitterste Armut aufhören.

»Warum helfen die Menschen den anderen, die Not leiden und womöglich verhungern müssen, so wenig?« (A. 8 Jahre)

Er gibt sich nachdenklich selbst die Antwort: »Wenn Gott durch uns an den anderen Menschen wirken will, dann müßten wir uns doch viel mehr um die anderen kümmern!«

»Warum müssen wir zusammenhalten?« (S. 8 Jahre)

Wenn Menschen zusammenhalten, dann ist es einfach schöner auf der Welt. Dann werden alle glücklicher. Jeder Mensch braucht andere, die ihm mal helfen, die mit ihm leben, die sich für ihn interessieren. Wenn nun alle Menschen um einen herum böse wären, nur an sich denken, dann ist es furchtbar zu leben. Wenn man aber den Menschen vertrauen kann, dann macht das Leben Freude. Und auch, wenn man selbst anderen geholfen hat, empfindet man darüber eine große Freude. Man ist glücklicher geworden. Das ist deshalb so, weil wir nach dem Bild Gottes geschaffen sind. Gott aber ist ganz glücklich, weil er ganz gut ist, weil er die Liebe ist. Deshalb können auch wir nur glücklich werden, wenn wir zusammenhalten.

9 Tod

Neues Leben bei Gott

Vorbemerkungen für den Erwachsenen

Die Frage nach dem Weiterleben über den Tod hinaus ist für viele heute eine sinnlose Frage. Sie glauben, daß mit dem Tod alles »aus« ist. Nach Umfragen glauben auch viele Christen nicht an ein Weiterleben nach dem Tod. Das kann eine Gegenbewegung sein. Nachdem in der Vergangenheit das Christentum hauptsächlich als eine Vorbereitung auf den Tod angesehen wurde, sieht man heute das Christentum zunächst als Weg für dieses Leben. Weil man in der Vergangenheit das Leben erst eigentlich im Tod beginnen ließ, haben wir nun den Akzent verlagert. Daß aber Christen ein Weiterleben nach dem Tod ablehnen, könnte auch mit den allzu kindlichen Vorstellungen zusammenhängen, die sie aus ihren Kindertagen noch mit sich herumschleppen. Da sie nun empfinden, daß es so nicht geht, verlieren sie den Glauben an das Weiterleben überhaupt. Oder sie wollen vielleicht nur die Art des Weiterlebens verneinen, wie sie in ihren Vorstellungen noch lebendig ist. Auferstehen, Weiterleben nach dem Tod bedeutet ja nicht eine Verlängerung dieses Lebens, sondern einen Neubeginn. Der Tod ist ja ein wirklicher Einschnitt. Der tote Leib wird nun nicht einfach wieder belebt und wieder in Bewegung gesetzt. Der tote Körper hat seine Aufgabe im Leben erfüllt. Er zerfällt. Gott aber nimmt den Menschen, das, was sein Leben bedeutet, zu sich. Er erhält ein neues Leben bei Gott.

Fragen der Kinder und Antworten

»Wo sind die Toten?« (Chr. 3 Jahre)
»Wo sind die Menschen, wenn sie tot sind? Sind sie immer tot? Vielleicht leben sie schon ganz bald wieder, wenn es der liebe Gott will?« (W. 4 Jahre)

Wenn ein Mensch stirbt, nimmt ihn Gott zu sich in seine Gemeinschaft. Der tote Körper des Verstorbenen wird auf den Friedhof gebracht und in die Erde gelegt. Er hat seine Aufgabe im Leben erfüllt. Diesen Körper aus Fleisch und Blut braucht der Mensch nun nicht mehr. Der Mensch erhält ein neues Leben bei Gott. Aber so, wie wir ja auch Gott nicht sehen können, so sind auch die Verstorbenen für uns jetzt unsichtbar. Sie sind bei Gott.

»Wie können denn tote Menschen später wieder leben, wenn sie ganz tot und ganz kaputt sind – wenn z.B. ein Auto über sie drübergefahren ist?« (D. 4 Jahre)

Wenn die Menschen bei Gott leben, so ist das ganz anders als in diesem Leben. Man braucht diesen Körper dann nicht mehr. Er wird auf dem Friedhof in die Erde gelegt. Er hat seine Aufgaben im Leben ja erfüllt. Da ist es kein Unterschied, ob einer zu Hause gestorben ist oder überfahren wurde.
Wenn die verstorbenen Menschen bei Gott leben, dann heißt das nicht, daß dieser tote Körper wieder belebt wird und herumgeht. Die Menschen erhalten im Augenblick des Todes ein ganz neues Leben bei Gott. In diesem Leben sind sie jetzt noch für uns unsichtbar. Aber sie sind sehr glücklich in der Gemeinschaft mit Gott.

»Die Oma ist doch im Himmel beim lieben Gott. Warum ist sie denn nicht mehr hier bei uns? Hat es ihr auf der Erde nicht mehr gefallen?« (A. 4 Jahre)

Mutter: »Siehst du A., die Oma war so schwer krank, daß es besser für sie war, sie ist gestorben und zu Gott gekommen, wo es ihr wieder gut geht und sie froh sein kann.«
A.: »Wir gehen doch manchmal auf den Friedhof und du sagst dann, daß dort das Grab der Oma ist. Wie ist denn das möglich, wo sie doch bei Gott ist?«
Mutter: »Der Körper der Oma war müde und krank. Durch das lange Leben und die viele Arbeit war er verbraucht. Da braucht sie diesen alten und kranken Körper nicht mehr. Der Körper wurde deshalb auf dem Friedhof in das Grab gelegt. Gott hat die Oma aber zu sich genommen, weil er möchte, daß sie nun für immer bei Gott glücklich ist.«

»Ich möchte so gern mal wissen, wie das ist, wenn die Menschen gestorben sind.« (St. 6 Jahre)

(Dahinter steckt wohl die Angst, daß nahestehende Personen, z.B. die Eltern, sterben könnten – meint die Mutter.)

»Weil einem das niemand erzählen kann, will ich mal versuchen, gleich wenn ich gestorben bin und tot daliege, langsam meinen Arm hochzuheben und meine Beine auch und mich dann umsehen und dann merke ich ja, wie das ist!«

Tot sein heißt aber nicht, daß man nur ohne Bewegung daliegt und sich irgendwann wieder bewegen kann. Tot sein heißt, daß das Leben den Körper verlassen hat. Der Körper kann sich nie mehr bewegen. Er wird in das Grab gelegt. Der Mensch braucht diesen Körper auch nicht mehr. Gott hat diesen Körper nur für dieses Leben bestimmt. Wenn der Mensch dann zu Gott kommt, beginnt ein ganz neues Leben.

Wir wissen nicht, wie das alles sein wird. Wir wissen aber, daß wir dann bei Gott sehr glücklich sein werden. Weil der Tod etwas Endgültiges ist, deshalb kannst du ihn auch nicht ausprobieren.

»Warum mußte meine Oma schon mit 60 Jahren sterben? Gott hätte sie noch leben lassen können!« (C. 9 Jahre)

Gott nimmt ja einen Menschen nicht einfach aus dem Leben, weil es ihm so einfällt. Die Länge des Lebens bestimmt sich nach der Gesundheit, die ein Mensch bei der Geburt von seinen Eltern mitbekommen hat. Manche Kinder werden ja schon krank geboren. Die Länge des Lebens bestimmt sich auch danach, ob einer gesund lebt, sehr viel schwere Arbeit hat oder sich irgendwo eine ansteckende Krankheit holt. Dann hat der Körper keine Kraft mehr zum Leben. Das Herz oder andere Organe sind verbraucht. Und dann kann man nicht mehr leben. Bei einem kommt das früher, bei anderen später. Es gibt ja doch Menschen, die schon viel früher als die Oma sterben, mit 30 oder 40 Jahren oder schon als Kinder mit 3 oder 6 Jahren.

»Warum verlieren manche Kinder den Glauben, daß Gott gut ist, wenn ihre Oma stirbt?« (St. 8 Jahre)

Mutter: »Sie sind traurig, wenn die Oma krank ist, und beten, daß sie wieder gesund wird. Und dann meinen sie, Gott muß sie einfach wieder gesund machen, und dann stirbt sie doch. Dann wollen die Kinder nicht mehr glauben, daß Gott gut ist. Sie verlieren so den Glauben.«
(St. versteht das Verhalten der Kinder nicht ganz, da er weiß, daß unsere Oma sehr gläubig war, und ist froh, daß sie nun bei Gott ist, nicht mehr so viel leiden muß und viel glücklicher ist, als sie es hier sein konnte. Warum sollte er dann

wollen, daß sie wieder leiden muß, obwohl er sie gern hier hätte bei uns; denn er liebte sie sehr.)

»Werden wir nach dem Tod weiterleben und genauso essen und trinken wie jetzt?« (Kl. 7 Jahre)

Sieh mal, essen und trinken tun wir ja, weil unser Körper das braucht. Er würde sonst schwach und krank, wenn wir nicht essen und trinken würden. Wenn man aber stirbt, dann heißt das ja, daß dieser Körper nicht mehr weiterleben kann. Er hat seine Aufgabe erfüllt. Der tote Körper wird deshalb auf den Friedhof getragen und dort in die Erde gelegt. Wir aber kommen zu Gott. Da wir dann diesen Körper nicht mehr haben, brauchen wir bei Gott auch nicht essen und trinken. Auch Gott braucht ja nicht essen und trinken. Es ist das ein ganz neues Leben bei Gott, das wir uns aber nicht vorstellen können. Aber die Freude, die wir beim Essen und Trinken haben, und das Glück zusammenzusein, die haben wir im Himmel auf andere Weise viel mehr.

»Ich stelle mir vor, wenn ich durch den Tod muß, das ist wie ein dunkles Tor. Wie ist es denn in Wirklichkeit?« (J. 8 Jahre)

Keiner von uns weiß, wie das ist. Wir können beim Sterben eines Menschen nur sehen, wie es bis zum Tod ist. Aber auch da wissen wir nicht mehr, was ein Mensch in den letzten Minuten empfindet. Dann spricht er ja meist nicht mehr. Im Glauben wissen wir, daß der Mensch im Augenblick des Todes zu Gott kommt. Gott hat uns ja versprochen, daß unsere Freundschaft mit ihm nicht nur für kurze Zeit halten soll, sondern für immer. Gott will diese Freundschaft nie enden lassen. Höchstens wir können sie beenden. Gott ist stärker als der Tod, und so nimmt er uns im Augenblick des Todes zu sich. Der tote Körper wird in die Erde gelegt, weil wir ihn nicht mehr brauchen. Wir aber kommen in die Gemeinschaft mit Gott. Wie das genau sein wird, das wissen wir nicht. Wir wissen nur, daß wir dann sehr glücklich sein werden. Gott hat es uns durch Jesus gesagt, und er liebt uns ja.

»Wenn Gott den ganzen Menschen nach dem Tod zu sich nimmt, haben da alle Platz?« (M. 11 Jahre)

(M. hatte irgend etwas gehört, daß Gott nach dem Tod den ganzen Menschen vollenden würde. Nun kämpft er mit dem Gedanken, daß es eine böse Drängelei geben müßte. Die Mutter sagt ihm, daß wir uns das alles ja nicht vorstellen könnten. Wir könnten uns aber ganz sicher darauf verlassen, daß Gott alles wunderbar machen wird; denn er liebt uns und will, daß wir glücklich werden.)
Wenn man sagt, daß Gott den ganzen Menschen im Tode zu sich nimmt, dann will man damit sagen, daß der Mensch nicht in den Gedanken der anderen weiterlebt. Er selbst lebt weiter, der ganze Mensch, d.h. aber nicht der Mensch, wie er jetzt lebt. Der Mensch geht im Tode ja in die Unsichtbarkeit Gottes. Der jetzige materielle Körper zerfällt. Der Mensch braucht ihn nicht mehr. Deshalb braucht man sich auch keine Gedanken über ein Gedränge zu machen; denn Gedränge kann es nur geben, wo Körper aus Materie nebeneinander einen Platz einnehmen und sich behaupten. Diese Gesetze der Materie aber gelten für das Leben bei Gott nicht mehr.

»Ich verstehe auch nicht, daß nach dem Tode die Guten und die Bösen getrennt sein sollen. Das würde doch heißen, daß Jesus Christus, nein, daß Gott nicht jedem verzeiht?«

Nein, Gott ist bereit, jedem zu verzeihen! Wenn es aber Menschen geben sollte, die so dem Bösen verfallen sind und dem Haß auf das Gute und auf Gott, daß sie diese Verzeihung gar nicht wollen, daß sie nicht bereit sind, sie anzunehmen? Gott zwingt auch seine Verzeihung niemandem auf. Gott teilt die Menschen also dann nicht in Böse und Gute. Das machen die Menschen durch ihre Entscheidungen selbst. Und wenn einer das ganze Leben böse und ohne Liebe gewesen sein sollte, dann ist es auch nicht leicht, sich zu ändern. Aber jeder hat die Möglichkeit, zu Gott zu kommen, wenn er nur will.

»Was ist eigentlich die Seele?« (M. 12 Jahre)

Die Menschen haben schon immer geglaubt, daß der Mensch im Gegensatz zum Tier beim Tod nicht einfach zugrunde geht. So haben heidnische Völker ihren Toten alle möglichen Gaben mit ins Grab gegeben. Dies Weiterleben nach dem Tod haben die Menschen nun verschieden zu erklären versucht.
Die Griechen sagten: der Mensch besteht gewissermaßen aus zwei Teilen. Der eine Teil ist der Leib und der andere die Seele. Der Leib des Menschen zerfällt im Tod. Die Seele ist Geist, und durch diesen Geist hat der Mensch das Leben, kann er denken und wollen. Wenn nun ein Mensch stirbt, so versuchte man sich das vorzustellen, dann trennt sich die Seele vom Körper. Der Körper zerfällt und die Seele geht zu Gott. Die Juden erklärten sich das ein wenig anders. So sieht es auch die Bibel und damit unser christlicher Glaube. Da wird der Mensch nicht in zwei Teile eingeteilt. Es heißt also nicht: Der Mensch hat einen Leib und hat eine Seele. Man sagt: Der Mensch ist eine Einheit: durchgeistigter Leib. Dieser Mensch stirbt und wird von Gott wieder auferweckt zu einem neuen Leben. Wie auch immer man das ausdrückt: Es ist immer nur ein Versuch, zu klären, daß der Mensch im Tode nicht zugrunde geht.

10 Das Böse – Der Teufel

Gott hat keinen Gegenspieler

Vorbemerkungen für den Erwachsenen

Das Böse ist immer ein großes Problem der Menschen gewesen. Immer bestand auch die Tendenz, eine Ursache dafür zu suchen, jemandem die Schuld daran zu geben (siehe Kapitel »Weltentstehung«). Man konnte sich nicht vorstellen, daß Menschen aus eigener Entscheidung so böse werden. So suchte man auch das personifizierte Böse, den Teufel oder Satan. Der Dualismus, d.h. das Gegenüberstellen von einem guten und einem bösen Prinzip, ist heidnisch. Im Christentum hätte der Teufel niemals zum eigentlichen Gegenspieler Gottes werden dürfen. Gott hat keinen Gegenspieler! Das Böse ist nur die Verfehlung des Guten. So lehrt es z.B. auch die scholastische Philosophie.
Die Hl. Schrift spricht vom Satan. Daraus muß man aber nicht schon dessen personale Existenz ableiten. Die Hl. Schrift will damit die furchtbare Realität des Bösen aufzeigen. Sie spricht immer in den Bildern und Vorstellungen der damaligen Zeit. Das Weltbild damals war stark bestimmt von einem Dämonenglauben. Überall sah man Dämonen am Werk.
Wir können aber das Böse auf niemanden abschieben. Es wird uns in seiner Intensität zwar immer ein Geheimnis bleiben. Das war sicher auch einer der Gründe, den personifizierten Bösen zu suchen. Aber das darf uns nicht dazu verleiten, das Böse woanders als im Menschen und im Mißbrauch seiner Freiheit zu suchen. Unmöglich wäre allerdings das Böse, wenn wir – so wie Gott – eine vollkommene Einsicht in das Gute hätten. Das Gute bleibt in seinem Glanz vor uns oft

verborgen, und wir verdunkeln seinen Glanz noch dazu durch unseren Egoismus, der auf schnellem, kurzgeschlossenem Weg zum Glück kommen möchte.
Der Weg, den Gott aufzeichnet, scheint vielen zu lang. Gott, der vollen Einblick ins Gute hat, kann nichts Böses tun. Das Gute allein ist ihm erstrebenswert. Wir werden das auch einmal erleben. In diesem Leben ist aber unser Blick noch getrübt.
Zu dieser Trübung trägt auch die Umwelt noch bei (siehe was im Kapitel »Weltentstehung« zur Erbsünde gesagt wird!), die uns das Böse oft verlockender vor Augen stellt als das Gute. In Wirklichkeit ist das Gute dem Menschen aber sicher gemäßer; denn er ist ja nach dem Bild Gottes geschaffen.

Fragen der Kinder und Antworten

»Mami, gibt es einen Teufel?« (A. 3 1/2 Jahre)

Mutter: »Nein, es gibt keinen Teufel, sondern das Böse ist in den Menschen. Diese erlauben dem Bösen in ihnen zu wohnen oder auch dem Guten.«
A.: »Mami, wenn mich die Biene sticht, wohnt dann das Böse in ihr?«
Darauf wurde dem Kind klargemacht, daß die Biene ja nur sticht, weil sie sich wehren will. Sie kann nichts Böses tun, weil sie es nicht freiwillig und nicht in böser Absicht tut.
Bei Ungehorsam schaut die Mutter das Kind an oder erinnert an das Gespräch. Dann sagt das Kind: »Mami, das Liebe wohnt jetzt wieder in mir.« Und dann ist es fröhlich, wie befreit und wirklich lieb (so der Bericht der Mutter).

»Warum gibt es Mörder und Diebe?« (P. 6 Jahre)
»Warum hat Gott Mörder auf die Erde gegeben?« (Cl. 5 Jahre)
»Warum gibt es gut und böse?« (W. 7 Jahre)

Gott hat nicht die Mörder und Diebe auf die Erde gegeben. Gott hat die Menschen gut geschaffen. Aber er hat den Menschen den Verstand und die Freiheit gegeben. Sie können denken und frei etwas wollen. Und da können sie eben nicht nur das Gute wollen, sondern auch das Böse. Gott will zwar, daß sie nur das Gute tun, aber er zwingt sie nicht dazu. Die Freiheit ist etwas so Wunderbares. Sie unterscheidet uns von den Tieren. Ein Tier kann nur das tun, was in seiner Natur liegt. Das muß es aber auch tun. Die Freiheit kann man aber auch zum Bösen mißbrauchen. Wir alle – auch du – tun manchmal etwas Böses, obwohl wir gut sein könnten.
Da ist z.B. ein Kind oder ein Erwachsener, der sieht, daß ein anderer etwas Schönes hat. Das gefällt ihm. So kommt er in Gefahr, es ihm wegzunehmen, also Böses zu tun. Da sieht ein Mann, daß ein anderer viel Geld hat. Er müßte erst viel arbeiten. Da tötet er den Menschen und nimmt ihm sein Geld weg. So böse können Menschen werden. Vielleicht überredet er sogar noch andere, auch so böse zu werden wie er. So werden also die Menschen von sich aus böse. Gott hat sie nicht dazu gebracht, denn Gott ist gut.

»Warum bestraft Gott die Mörder nicht?« (B. 7 Jahre)

Wir wollen froh sein, daß Gott so viel Geduld mit uns allen hat und immer wieder darauf wartet und uns hilft, daß wir uns bessern. Gott braucht überhaupt nicht zu strafen. Der böse Mensch straft sich selbst, weil er fern vom Guten lebt und von Gott. Es stimmt nämlich gar nicht, daß das Böse letztlich Freude macht. Menschen, die viel Böses getan haben, sehen nicht glücklich aus. Sie haben Angst, entdeckt zu werden, und haben wenig Liebe. So straft sich das Böse schon selbst, und einmal, wenn die Menschen ganz beim Bösen bleiben, könnten sie nicht in die Gemeinschaft mit Gott kommen. Da braucht Gott gar nicht zu strafen. Wenn man nicht zu Gott käme, also das endgültige Glück verfehlte, wäre es genug Strafe, die der Mensch sich selbst zugefügt hat. Aber wir hoffen, daß niemand in seinem Leben so böse ist. Wir hoffen, daß die Liebe Gottes sie noch wandelt.

»Warum hat Gott die bösen Menschen lieb?« (A. 7 Jahre)

Gott hat alle Menschen lieb. Deshalb liebt er auch die bösen Menschen. Er liebt nicht das Böse, das sie tun. Das verabscheut er! Er liebt aber die Menschen doch, obwohl sie das Böse getan haben. Und er möchte, daß sie gut werden, und er wartet darauf. Wir wollen froh sein, daß die Liebe Gottes so groß ist, daß Gott so viel Liebe und Geduld für uns hat. Und wir sollten auch viel Liebe und Geduld mit den anderen haben!

»Warum tun wir eigentlich nicht noch mehr das, was Christus von uns will?« (A. 8 Jahre)

Sieh mal, das erfordert manchmal Anstrengung von uns. Und Anstrengungen gehen wir oft gerne aus dem Weg. Das Gute ist zwar schöner als das Böse. Es macht glücklicher. Manchmal ist es ja auch leichter zu tun als das Böse, aber oft auch nicht. Wenn jemand z.B. einen Berg besteigt, so kostet das auch Anstrengung, und viele lassen es daher lieber gleich bleiben. Und du weißt doch, wie schön das nachher ist, wenn man es geschafft hat und all die schönen Berggipfel sieht. Das Böse verspricht oft einen leichteren Weg zum Glücklichwerden. Darin liegt das Gefährliche, das Lügnerische; denn diesen leichteren Weg zum Glücklichwerden gibt es nicht. Es gibt nur den Weg, den Gott uns gezeigt hat. Er muß es ja wissen; denn er ist ganz glücklich und möchte ja auch uns nur glücklich machen.

»*Warum hat Gott den Teufel nicht bestraft?*« (V. 8 Jahre)

Der Teufel ist ja nur ein Bild für das Böse. Die Menschen haben immer wieder das Böse bei anderen und auch bei sich selbst gesehen und sich gedacht: Das muß doch irgendwoher kommen. Es genügt aber, wenn man sagt, daß es aus den Menschen kommt. Die Menschen können sich zwischen dem Bösen und dem Guten entscheiden. Das können wir auf niemand abschieben und sagen: Das hat der Teufel bewirkt. Wir selbst entscheiden uns, wir selbst wählen das Gute oder das Böse.

»*Wird Gott sich nicht von uns abwenden, wenn wir immer wieder böse sind? Kann er denn allen Menschen das Böse verzeihen?*« (L. 7 Jahre)

Gott wird sich nie von uns abwenden, weil er uns sehr liebt. Wir wenden uns aber im Bösen von Gott ab. Gott bleibt uns zugewandt. Wir brauchen uns nur wieder ihm zuwenden, dann umfängt uns wieder seine Liebe. Sie hat immer auf uns gewartet. Sie konnte nur nicht bei uns ankommen, weil wir uns abgewandt hatten. Es gibt keine Schuld, kein Böses, das so groß wäre, daß Gott es nicht verzeihen würde. Nur wenn einer bis zum Schluß seines Lebens beim Bösen bleiben würde und sich für immer von Gott abwendet, dann könnte ihn die Liebe Gottes nicht erreichen. Daran wäre er aber selbst schuld. Hoffen wir, beten wir darum und helfen wir anderen, daß niemand so böse ist.

11 Weltentstehung

Naturwissenschaft und Bibel

Vorbemerkungen für den Erwachsenen

Die biblischen Geschichten von der Entstehung des Menschen und der Erde sind typische Beispiele dafür, wie wir die Hl. Schrift zu lesen haben und wie wir sie nicht verstehen dürfen.
In einer Zeit, in der die Naturwissenschaften ihre Entdeckungen über die Entstehung der Erde und des Menschen noch nicht gemacht hatten, nahm man natürlich an, daß sich das alles auch so abgespielt habe, wie es die Hl. Schrift berichtet. Wie hätte man es auch anders wissen sollen. Als aber die Naturwissenschaftler mit ihren Ergebnissen kamen, da hätten die Christen erkennen müssen, daß man sich hierin geirrt hatte. Die Kirche hätte begreifen sollen, daß die Hl. Schrift eben in Bildern spricht, die man deuten muß. Die Verfasser der Schrift konnten damals ja nur in ihren Vorstellungen schreiben. So hätte die Kirche daraus lernen sollen, daß die Hl. Schrift eben kein Erdkunde- oder Biologiebuch sein will, sondern ein Glaubensbuch. Deshalb will sie nicht berichten, wie alles entstanden ist, sondern wer alles für uns gemacht hat. Das wollte sie damals berichten, um die Menschen vom Götzendienst fernzuhalten. Die Juden waren in Gefahr, wie die heidnischen Völker, Sonne, Mond und Sterne sowie Tiere als Götter anzubeten. Sie sollten begreifen, daß das alles nur Geschöpfe des einen Gottes sind. Ihn allein lohnt es daher anzubeten. Statt dessen waren die Männer der Kirche damals sehr schwerfällig und ängstlich. Sie konnten oder wollten nicht unterscheiden zwischen dem Weltbild der Bibel und dem Glaubensinhalt. Sie meinten auch, an dem Welt-

bild der Bibel festhalten zu müssen. Deshalb lehnten sie die Ergebnisse der Wissenschaft ab. Da die Forscher mit ihren Ergebnissen so von der Kirche abgewiesen wurden, wurde die Wissenschaft nun über lange Zeit antikirchlich. Das wäre sonst nicht notwendig gewesen.
Heute haben wir längst erkannt, daß Ergebnisse der Wissenschaft nicht gegen den Glauben stehen können. Die Wissenschaft erforscht das »wie«, und der Glaube sagt uns etwas über den Schöpfer. Die Wissenschaft erforscht die zu beobachtenden Tatsachen, der Glaube interpretiert sie. Heute wissen wir auch, daß ein Unterschied besteht zwischen dem Glaubensinhalt und der Aussageform in der Hl. Schrift. Die Wahrheit bezieht sich nur auf den Glaubensinhalt, nicht aber auf die Einkleidung.
Wir wissen heute sogar, wie die Verfasser des Alten Testamentes zu ihrer Einkleidung kamen. Einmal stand da natürlich ihr Weltbild dahinter. Sie konnten ja gar nicht anders, als die Glaubensaussage in ihr Weltbild zu kleiden. Zum anderen stecken da alte Sagen dahinter, die im Orient erzählt wurden. Da gab es z.B. die babylonische Sage vom Gott Kingu. Mit dieser Sage versuchten sich die Menschen damals eine Antwort zu geben auf die Frage, wie es komme, daß die Menschen immer wieder böse sind. Sie gaben in der Sage den Göttern die Schuld, die die Menschen böse geschaffen hätten. Der böse Gott Kingu habe eines Tages – so erzählt die Sage – einen Aufstand gegen den Götterhimmel gemacht. Er wurde besiegt und ausgestoßen. Um sich von ihm zu reinigen, machten die Götter nun aus Erde und aus dem Blut des bösen Gottes Kingu die Menschen. Da hatte man also die Erklärung. Nicht die Menschen waren daran schuld, wenn sie immer wieder böse wurden. Das lag an dem bösen Blut in ihren Adern, dem Blut des bösen Gottes Kingu. Die Götter hatten die Menschen so böse erschaffen.
Die gläubigen Menschen des jüdischen Volkes konnten aus ihrem Glauben an den einen guten Gott das so nicht übernehmen. Deshalb änderten sie diese Sage für ihren Gebrauch.

Gott schuf den Menschen nur aus Erde, also einem neutralen Stoff. Wenn der Mensch böse geworden ist, dann liegt das an ihm selbst, an seiner freien Entscheidung.
Ähnlich kommt es zu dem Lebensbaum und zur Geschichte von der Schlange. Im Gilgameschepos wird erzählt, wie Gilgamesch überall das Kraut des Lebens sucht. Es steckt hierin die alte Sehnsucht der Menschen nach dem ewigen Leben. Er findet es schließlich am Rand des Meeres, beschafft es sich mühsam, ißt es aber nicht gleich; denn er möchte es gemeinsam mit seinem Volk essen und mit allen ewig leben. Da legt er es an den Rand eines Brunnens, um zu trinken. Als er trinkt, sieht er, wie eine Schlange das Kraut frißt und sich sogleich häutet. Sie hat das Leben. Die Gläubigen des jüdischen Volkes bauen auch diese Geschichte um. Das Leben bei und mit Gott wird den Menschen nicht gestohlen. Sie entscheiden sich selbst für das Böse. So wird die Schlange nicht die, die dem Menschen das Leben stiehlt. Sie wird vielmehr zur Verführerin, die den Menschen anspricht. Entscheiden muß er sich selbst.
So sehen wir, wie die Hl. Schrift zu den Bildern kommt, in die sie ihre Glaubensaussage einkleidet. Nicht diese Bilder sind die Wahrheit, die sie aussagen will, sondern was sie damit meint.
Heute hat uns die Wissenschaft dargelegt, daß die Welt in einem langen Zeitraum entstanden ist, daß sich alles entwickelt hat (Evolutionslehre) von der Pflanze über das Tier zum Menschen. Das läßt die Weisheit und Schöpferkraft Gottes höchstens noch in einem helleren Licht erstrahlen.
Das entwertet aber die Berichte des Alten Testamentes gar nicht. Im Gegenteil! Da wir wissen, daß hier in Bildern gesprochen wird, versetzt uns das erst recht in die Lage, diese Bilder zu deuten. Wir fragen nun: Was wollte der Schriftsteller damit sagen? Wir erkennen dann, daß die Aussagen etwa der Schöpfungsgeschichte gar nicht so kindlich und naiv sind, wie es manchem scheint. Es steckt hohe Theologie darin. Sie sind mit viel Glaubensaussagen angefüllt. So wird die

Geschichte über den Anfang der Erde und des Menschen für uns zu einem der wunderbarsten literarischen Erzeugnisse der Geschichte. Sie wird für uns zur Geschichte vom Glanz und Elend des Menschen. Adam und Eva, das sind wir alle. Hier wird deutlich, wozu uns Gott berufen hat, bis in seine Freundschaft (ausgedrückt im Bild vom Garten, in dem Gott sich mit Adam und Eva aufhält). Es wird aber auch klar, wie der Mensch durch die eigene Entscheidung zum Bösen sich selbst und diese Freundschaft zerstört (Bild von der Vertreibung aus dem Paradies). Gleichzeitig zeigt sich aber auch schon, daß Gott den Menschen nicht verläßt (Spruch gegen die Schlange).

Hier erscheint nun auch die Lehre von der Erbsünde in einem anderen Licht. Es wird nicht einfach durch die Zeugung des Menschen die »Sünde« weitervermittelt. Das nahm man an, solange das wortwörtliche Verständnis der Hl. Schrift herrschte. Heute, da man weiß, daß die Hl. Schrift in Bildern spricht, weiß man, daß mit der Geschichte vom Sündenfall auch wir alle gemeint sind. Was von Adam und Eva erzählt wird, das vollzieht sich im Leben jedes Menschen wieder neu. So pflanzt sich die Sünde fort. Der Mensch, der geboren wird, hat zwar keine Sünde auf sich, aber er wird in eine Welt geboren, in der die Sünde an der Tagesordnung ist. So wird die Sünde gewissermaßen »vererbt«. Die Taufe soll ihn dann nicht von einer schon vorhandenen Sünde befreien. Sie soll ihn vielmehr mit Christus und mit der Gemeinschaft derer verbinden, die an Christus glauben. So soll er besser gegen diese Sünde bestehen können.

Fragen der Kinder und Antworten

»Mutti, wie bist du denn auf die Welt gekommen? und dein Papa und seine Mutti? und der allererste Mensch?« (B. 4 1/2 Jahre)

Ich bin genauso auf die Welt gekommen wie du. So wie du

von einem ganz kleinen Ei 9 Monate herangewachsen bist in meinem Körper, bis du geboren werden konntest, so ich im Körper meiner Mutter und meine Mutter und mein Vater im Körper ihrer Mütter und so weiter zurück bis zu den ersten Menschen. Gott hat den Menschen die Kraft gegeben, Kindern das Leben zu schenken.
Die ersten Menschen nun, die sahen noch anders aus als wir. Das ist auch schon sehr lange her. Diese Menschen sahen noch manchen Tieren ähnlich. Als es nämlich noch keine Menschen auf der Erde gab, da gab es doch schon die Tiere. Aus diesen Tieren hat Gott nun die Menschen entstehen lassen. Gott bewirkte es, daß einige von ihnen anfingen zu denken, was ein Tier ja sonst nicht kann. Sie begannen sich Werkzeuge anzufertigen, Feuer zu gebrauchen und sich Kleider zu machen. Sie begannen auch aufrecht zu gehen. Durch ihren Verstand konnten sie die Tiere immer mehr beherrschen, obwohl die eigentlich viel stärker waren als sie. Über viele tausend Jahre sind so wir Menschen geworden, wie wir heute leben. Die Menschen haben sich und die Welt, in der sie leben, in dieser Zeit aber sehr verändert.

»Wie ist denn überhaupt die Welt geworden?«

Im Anfang war nur Gott. Außer ihm gab es gar nichts. Alles andere ist von ihm gemacht. Von der Sonne hat sich dann wohl ein Teil losgelöst. Gott hat das so gewollt. Das hat sich im Laufe der Zeit abgekühlt. So entstand die Erde, auf der wir leben. Auf dieser Erde ließ dann Gott zuerst die Pflanzen entstehen, dann die Tiere und zuletzt den Menschen.

»Wie hat Gott die ersten Menschen erschaffen und warum hat er das gemacht?« (Cl. 5 1/2 Jahre)

Bevor die ersten Menschen entstanden – das ist vor vielen,

vielen Jahren gewesen –, da hatte Gott schon die Tiere auf der Erde erschaffen. Aber die Tiere konnten ja nicht denken. Sie konnten auch den Schöpfer der Welt, Gott, nicht erkennen und lieben. Sie konnten auch nicht frei etwas tun, sich für etwas entscheiden. Deshalb wollte Gott noch andere Wesen auf der Welt haben, die das alles tun konnten. So ließ er eine Art von Tieren sich weiterentwickeln. Er gab ihnen die Fähigkeit zum Denken, zum Wollen, zum Lieben. Sie konnten durch das Denken ihre Welt besser gestalten, sich Werkzeuge machen und waren so sehr schnell allen Tieren überlegen. Sie konnten sich durch Feuer, das sie gebrauchen lernten, vor der Kälte schützen und auch durch Kleider. Sie konnten nun auch Gott erkennen, der das alles für sie gemacht hatte, und ihm danken und ihn lieben. Und sie konnten auch einander lieben, und so waren sie Gott doch viel ähnlicher als die Tiere, und Gott konnte diesen Menschen seine Freundschaft anbieten.

»Geht die Welt auch mal wieder zu Ende?«

Nicht nur das Leben jedes Menschen geht zu Ende. Es wird wohl auch mal eine Zeit kommen, in der dies Leben auf der Erde überhaupt aufhört. Wir wissen nicht, wie und wann das geschieht. Vielleicht wird es dadurch kommen, daß die Kraft der Sonne nachläßt. Unser Leben auf der Erde hängt ja von der Sonne ab; denn wir brauchen die Wärme. Ohne die Sonne wäre es so kalt, daß kein Lebewesen auf der Erde bestehen könnte. Nun verbraucht sich die Kraft der Sonne. Vielleicht könnte es dann einmal zu kalt werden für das Leben auf dieser Erde. Damit wäre aber nicht jedes Leben schon zu Ende. Es wäre nur das Leben auf dieser Erde zu Ende, so wie wir es jetzt kennen.
Gott aber wird uns dann die Vollendung dieses Lebens bei sich schenken. Dann wird ein Leben beginnen, das nur Freude und kein Leiden, keine Trauer, kein Ende kennt.

»Wann kamen die ersten Menschen auf die Welt?« (H. 7 Jahre)

Man kann das ganz genau gar nicht feststellen. Die Menschen sind ja nicht auf einmal dagewesen. Sie haben sich über längere Zeit entwickelt. Zuerst gab es nur die Tiere auf der Welt. Gott hat nun durch seine Schöpferkraft bewirkt, daß eine Tierart sich höher entwickelt hat. Sie bekamen z.B. eine größere Gehirnmasse. Langsam entwickelte sich in ihnen dann die Fähigkeit zum Denken. So unterscheiden sie sich immer mehr von den Tieren. Auch ihr Leben und ihr Aussehen wandelte sich nach und nach. Das hat sich wohl vor ungefähr 500 000 Jahren abgespielt.

»Wo wurde der erste Mensch gemacht?« (W. 8 Jahre)

Wo die ersten Menschen entstanden sind? Auch das weiß man nicht genau. Man hat schon Asien als Entstehungsland der ersten Menschen angesehen. Es gibt aber auch in anderen Erdteilen sehr alte Funde.

»Gab es Adam und Eva?« (N. 7 Jahre)
»Wie ist Adam und Eva auf die Welt gekommen?« (C. 8 Jahre)
»Sind Adam und Eva aus Tieren entstanden?« (D. 7 Jahre)
»Haben Adam und Eva wirklich so gelebt wie wir? Hießen sie Adam und Eva? Wenn es solange her ist, wieso weiß man das so genau?« (P. 8 Jahre)

Die ersten Menschen gab es irgendwann einmal. Heute wissen wir, daß sie sich aus einer Tierart weiterentwickelt haben. Als die Geschichte von Adam und Eva jedoch aufgeschrieben wurde – das war vor etwa 3000 Jahren –, da wußte man das natürlich noch nicht.
Im Glauben wußte man aber, daß Gott die Erde und die Menschen erschaffen hatte. Das erzählte man auch den Kin-

dern und schrieb es dann auch auf. Wann und wie aber Gott Erde und Menschen erschaffen hatte, darüber wußte man noch nichts. So erzählten sie es so, wie sie es sich ausdachten und wie sie es selbst in alten Sagen gehört hatten. Und sie geben dem Mann den Namen Adam. Das heißt einfach so viel wie Mensch (oder auch »Mann aus Erde«). Die Frau nennen sie Eva. Das heißt soviel wie die »Lebenspendende«.

»Wie sahen Adam und Eva aus?« (H. 7 Jahre)

Die ersten Menschen sahen manchen Tieren ähnlich. Gott hatte sie ja aus den Tieren weiterentwickelt. (Vielleicht kann man in einem Lexikon oder Biologiebuch ein Bild von der Rekonstruktion eines alten Menschenfundes zeigen.)

»Wie kann Gott die Menschen, Tiere und auch andere Dinge erschaffen?« (P. 7 Jahre)

Sieh mal, die Menschen können mit ihrem Verstand schon recht viel tun. Was war alles notwendig, um das erste Flugzeug zu konstruieren und nun die Raketen und die Raumstationen. Nun ist der Mensch ja aber nur selbst ein Geschöpf. Er kann nur den Verstand benutzen, den Gott ihm gab. Gott hat also unendlich viel mehr Macht und Weisheit. So konnte er auch ein so unendlich viel größeres Werk schaffen, wie es die Welt, die Tiere und die Menschen sind.

»Warum hat Gott Raubtiere erschaffen?« (A. 8 Jahre)

Das kann ich dir nicht genau sagen. Aber ich kann es mir denken. Wenn es keine Raubtiere gäbe, würden sich manche andere Tierarten so stark vermehren, daß sie nicht mehr leben könnten. Nun aber hält sich die Natur im Gleichgewicht. Daher gibt es auch Vögel, die Ungeziefer fressen. Wenn diese Vögel nicht da wären, würde das Ungeziefer sich so sehr vermehren, daß es vieles wegfrißt und der Mensch nicht genug zum Leben hat.

»Ist die Erde ein verkrusteter Feuerball oder hat Jesus ihn gemacht?« (Kl. 8 Jahre)

Du meinst sicher: »oder hat Gott ihn gemacht«; denn Jesus hat ja auf dieser Erde gelebt. Nicht er, sondern Gott hat diese Erde gemacht, den Jesus seinen Vater nennt. Die Antwort ist: Die Erde ist ein verkrusteter Feuerball, und den hat Gott gemacht. Das widerspricht sich ja nicht; denn alles, was ist, stammt letztlich von Gott. Alles was sich entwickelt, ist von der Weisheit Gottes so ausgedacht worden.

»Wie kann es sein, daß Gläubige sagen: Gott hat die Erde erschaffen, und Wissenschaftler sagen: die Sonne hat sie abgestrahlt?« (H. 9 Jahre)

Das muß sogar so sein. Denn ein Wissenschaftler kann aus seinen Funden und Nachforschungen nur herausfinden, wie alt die Erde etwa ist, aus welchem Material sie besteht und wie sie wohl früher aussah. Er kann aber unter seinen Funden nicht Gott entdecken. Er kann höchstens sagen: Das ist alles so wunderbar gemacht, daß da eigentlich ein weiser und mächtiger Schöpfer da sein muß. Den kann er aber als Wissenschaftler nicht beweisen. Der Glaube aber sagt uns nicht, wie das alles entstanden ist. Er sagt uns nur, daß Gott das alles für uns gemacht hat. Damit will er uns für die Freundschaft mit Gott gewinnen. Glaube und Wissenschaft können sich nicht widersprechen. Sie haben jeder eine ganz andere Aufgabe. Sie ergänzen sich.

»Ich halte es für unwahrscheinlich, daß die Welt und alle Tiere und Menschen in 7 Tagen erschaffen wurden. Wieso steht dann im Alten Testament diese genaue Beschreibung des Schöpfungsberichtes von 7 Tagen? Hat man das den Leuten früher so erzählt?«
(M. 11 Jahre)

Da hast du recht. Die Forscher haben ja mittlerweile auch schon herausgefunden, daß das alles viele Millionen Jahre gedauert hat. Die 7 Tage muß man dann als lange Zeitabschnitte verstehen. Man hat das damals so erzählt, weil man es noch nicht anders wußte. Vielleicht hätte man auch auf die genaue Beschreibung gar nicht einen so großen Wert gelegt. Die Hl. Schrift wollte ja ein Glaubensbuch und kein Naturkundebuch sein. Sie wollte also in erster Linie erzählen, was Gott alles für die Menschen getan hat. So wollte man die Menschen zum Glauben an Gott bringen. Da war es eigentlich auch gar nicht so wichtig, wie das alles entstanden ist. Die Hauptsache war, daß die Juden nicht Sonne, Mond und Sterne anbeteten wie viele heidnische Völker in ihrer Umgebung. Sie sollten durch die Schöpfungsgeschichte erkennen, daß das alles nur Geschöpfe Gottes sind. Ihn allein sollten sie deshalb anbeten.
Die Schöpfungsgeschichte von den 7 Tagen ist zudem so etwas wie ein Gedicht. Die Priester am Tempel in Jerusalem haben sie verfaßt. Sieh dir diese Geschichte einmal genau an. Da kannst du die Strophen dieses Gedichtes herausfinden.

Vorspruch:		Im Anfang schuf Gott Himmel und Erde.
1. Strophe:	1. Tag:	Tag und Nacht werden erschaffen
2. Strophe:	2. Tag:	Wasser und Luft werden erschaffen
3. Strophe:	3. Tag:	das Land wird erschaffen
4. Strophe:	4. Tag:	die Bewohner von Tag und Nacht (also Sonne, Mond und Sterne) werden erschaffen

5. Strophe: 5. Tag: die Bewohner von Wasser und Luft (Fische und Vögel) werden erschaffen
6. Strophe: 6. Tag: die Bewohner des Landes (Tiere und Menschen) werden erschaffen
Schluß: 7. Strophe: Ruhetag

Daß die Priester damals das Schöpfungswerk Gottes gerade auf 7 Tage aufteilten, das kam wohl daher, daß sie die 7-Tage-Woche kannten. Sie wollten durch diese Geschichte den Juden nun den Sabbat als Ruhetag einschärfen. Du siehst also, daß die biblischen Schriftsteller nicht nur drauflos erzählen. Sie haben sich schon genau überlegt, was sie den Menschen mit dieser Geschichte sagen wollten.

»Wenn Adam und Eva nicht ungehorsam gewesen wären, würden wir dann noch im Paradies leben?« (B. 8 Jahre)

Adam und Eva sind ja nur Beispiele für alle Menschen. So wie sie die Freundschaft Gottes angeboten bekommen, so bekommen wir es alle. Und so wie sie sich für das Böse entschieden, so tun wir es auch immer wieder. Und auch das Paradies verspielen wir immer wieder neu. Wenn wir alle so miteinander umgehen würden, wie Gott es von uns möchte, dann hätten wir ein Stück Paradies auf Erden verwirklicht; denn das meiste Unglück fügen sich die Menschen selber zu.

12 Himmel

Vollendung des Lebens

Vorbemerkungen für den Erwachsenen

Der Himmel ist so vielen Mißverständnissen ausgesetzt gewesen, daß wir das Wort »Himmel« am liebsten gar nicht mehr gebrauchen. Dennoch sagt der Begriff Wichtiges aus. Er sagt unmißverständlich, daß hier unsere menschlichen Möglichkeiten überstiegen werden. Gott und das Leben bei ihm ist mehr als die Addition unserer Möglichkeiten. Ein Mißverständnis kommt schon daher, daß wir im Deutschen nur ein Wort für den Wolkenhimmel und den Himmel als Gemeinschaft mit Gott haben. Die englische Sprache ist da besser dran. Sie unterscheidet den »sky« als Wolkenhimmel vom »heaven« als Himmel in der Gemeinschaft mit Gott. Damit verbunden sind immer wieder symbolische Aussagen als realistische verstanden worden. So z.B. der symbolische Ausdruck von »oben«. Er ist eine Wertangabe und wird als Höhenangabe verstanden: der Himmel über uns. Oben und unten sind aber in unserer Sprache nicht nur Raumangaben, sondern auch Wertangaben: »die da oben«, »die oberen 10 000«, »der ist ganz schön aufgestiegen« sowie »der ist heruntergekommen«, »die unteren Gesellschaftsschichten«: all das deutet an, daß man da mehr oder weniger Geld, Macht, Ansehen usw. hat. So auch, wenn für den Himmel das Symbol des »oben« genannt wird. Mißverständnisse sind auch gekommen durch die Vorstellung eines Himmelssaales. Himmel ist aber kein räumlicher Begriff, sondern der Zustand des Glückes bei Gott, und der ist nicht lokalisierbar. Der Himmel ist also keine vorgebene Räumlichkeit, die nach und nach gefüllt wird. Himmel wird auch oft mit der Vorstellung einer gewissen Langeweile verbunden. Das kommt wohl einmal von dem Begriff einer langen Zeit. Himmel ist aber keine lange Zeit. Ewigkeit ist kein Aneinanderreihen von Tagen, sondern gerade das Fehlen der Zeit. Gott kennt kein Nacheinander. Er ist Gegenwart ohne Zeitablauf. Die Langeweilevorstellung ergab sich auch von dem sogenannten »Allelujasingen« der himmlischen Chöre. Nichts Schlimmeres, als den Himmel sich als ewigen Gesangverein vorzustellen! Das Singen soll wiederum ein Symbol für die Freude sein. So singen manche Menschen ja spontan, wenn sie sich freuen. Jemand stößt einen spontanen Ausruf aus über etwas sehr Schönes, z.B. eine schöne Landschaft. Himmel ist auch nicht eine »ewige Ruhe«, sondern »ewiges Leben«, »ewige Freude«. Die »ewige Ruhe» in unseren Totengebeten geht wohl auf heidnische Vorstellungen zurück. Dort sprach man von der Strafe des »ewigen Wanderns« Verstorbener, bis sie vom Fluch erlöst wurden.

Das Leben bei Gott ist aber nicht fade Untätigkeit, sondern erfülltes Leben. Die Himmelsvorstellungen dürfen auch nicht dazu verleiten, sie als eine Fluchtmöglichkeit aus dem Leibe und der Welt anzusehen. Himmel ist Vollendung dessen, was jetzt schon begonnen hat. Gott ist das große »Zukunftspotential« der Menschheit. Himmel ist die große Hoffnung, daß alles, was wir hier beginnen, nicht in seiner Unzulänglichkeit bleibt, sondern einmal vollendet wird.

Fragen der Kinder und Antworten

»Kann man ganz leicht in den Himmel kommen, wenn man mit dem Flugzeug höher als die Wolken fliegt, bis in den Himmel?«
(P. 5 Jahre)

Man könnte in ein Flugzeug steigen und so hoch fliegen, wie es fliegen kann. Man könnte sich auch mit einer Rakete hochschießen lassen. Dann käme man zwar durch den Wolkenhimmel. Wir nennen ja die Wolken über uns auch Himmel. Dem Himmel bei Gott wäre man aber kein Stück näher gekommen. Man wäre ja auch Gott nicht näher gekommen. Gott kommt man nicht näher, wenn man irgendwohin fliegt. Gott kommt man näher, wenn man mit ihm spricht, also betet, und wenn man zu anderen Menschen gut ist. Dann ist man nahe bei Gott. Wenn man dann stirbt, kommt man für immer zu Gott. Dann darf man für immer bei ihm ganz glücklich sein. Dieses Glück bei Gott nennen wir Himmel.

»Wo ist der Himmel?« (B. 3 1/2 Jahre)

Man kann nicht sagen, wo der Himmel ist. Man kann ja auch nicht sagen, wo Gott ist. Er hält sich nicht in einem Raum auf, so wie wir jetzt in diesem Zimmer sind. Gott hat nicht so einen Körper wie wir, und deshalb braucht er keinen Raum. Der Himmel ist deshalb auch kein Raum. Der Himmel ist das Glück, das die Menschen erleben, wenn sie für immer bei Gott sind. Das fängt schon in diesem Leben an, weil Gott uns glücklich machen will. Und wenn wir sterben, dann sollen wir für immer bei Gott sein. Dieses Glücklichsein bei Gott nennen wir Himmel.

»Warum kommen Menschen in den Himmel?« (W. 7 Jahre)

Gott hat die Menschen geschaffen, um sie glücklich zu machen. Er selbst ist glücklich. Weil er aber die Menschen sehr lieb hat, möchte er das Glück nicht für sich allein behalten. Er möchte auch die Menschen glücklich machen. Deshalb will er sie einmal für immer zu sich nehmen. Dann erleben sie die Freude mit ihm. Es gibt dann kein Leid, keine Trauer, kein Weinen mehr.

»Wenn Gott am Ende der Welt wiederkommt, wird es dann so wie bei Adam und Eva im Paradies?« (V. 9 Jahre)

Die Geschichte von Adam und Eva im Paradies ist ja nur erzählt worden, um den Menschen etwas klarzumachen. Sie sollten daran erkennen, wer die Menschen erschaffen hat. Sie sollten auch begreifen, daß Gott sie glücklich machen will. Aber was haben wir Menschen daraus gemacht! Durch unsere Schuld verspielen wir das Glück!
Am Ende aber, wenn wir zu Gott kommen, dann haben wir das Glück für immer erreicht. Es kann uns niemand mehr nehmen. Wir können es auch durch Schuld und Sünde nicht mehr verlieren. Wir sind dann Gott so nahe und sind von ihm so erfüllt, daß wir nur noch das Gute wollen und gar nicht das Böse. Wie das Leben bei Gott sein wird, wissen wir nicht, und es hat deshalb auch keinen Sinn, es sich auszumalen. Wir wissen nur, daß es sehr schön sein wird.

13 Engel

Zeichen der Nähe und Liebe Gottes

Vorbemerkungen für den Erwachsenen

Engel spielten besonders im Kinderglauben eine große Rolle. Sicher kam es daher, daß Kinder eine Vermittlung und ein Sichtbarwerden des Gottesglaubens stärker brauchen. So wurde für sie der Schutzengel zur personifizierten Liebe und Sorge Gottes um sie. Gerade für kleinere Kinder ist ja die Welt erfüllt mit vielerlei Gestalten. Mit ihrer Hilfe finden sie sich in die Wirklichkeit ein und bewältigen sie ihr Leben. Nur sollte man auf alle Fälle die Engelsgestalten sich nicht verselbständigen lassen. Sie sollten immer auf Gott und sein Wirken zurückgeführt werden. Sie sollten nie eine selbständige Rolle spielen. Sonst verdunkeln sie Gott und mindern unsere Verantwortung. Aus all dem ist schon zu ersehen, daß man mit »Engeln« zumindest sehr sparsam umgehen sollte. Die semitischen Völker, in denen die Offenbarung Gottes im Alten Testament geschah, lebten in einer von Geistern bevölkerten Welt. Dies bildete die Grundlage zu den Engelsvorstellungen des Alten Testamentes. In der Hl. Schrift sind Engel aber meist eine Art göttlicher Offenbarung. Aus Ehrfurcht vor dem erhabenen Gott läßt man ihn durch die Vermittlung von Engeln zu den Menschen kommen. So wird die Nähe Gottes zu seinem Volk ausgedrückt. Man konnte so die Ehrfurcht vor dem erhabenen Gott mit dem Glauben an seine liebende und sorgende Nähe verbinden. Manchmal weiß man gar nicht, ob Gott selbst oder ein Engel gemeint ist. So sehr gehen beide Aussagen ineinander über. So sehr besteht der Engel nur im Vermitteln göttlichen Wirkens. Erst in späteren Zeiten hat das Christentum dies oft mißverstanden und die Aussagen über die Engel zu wörtlich genommen. Die Engel verselbständigten sich zu eigenen Wesen, die neben Gott Existenz hatten, ja Gott bisweilen in der Verehrung der Menschen zurückdrängten. Dadurch wurde der Engelbegriff in sein Gegenteil verkehrt.

Fragen der Kinder und Antworten

»Gibt es Engel?« (Chr. 5 Jahre)
»Was ist ein Engel?« (A. 8 Jahre)

Engel treten in der Hl. Schrift immer als Boten Gottes auf. Engel heißt auch auf deutsch so viel wie »Bote«.
Gott hat den Menschen etwas zu sagen. Da heißt es: er schickt einen Engel. Diese Engel muß man sich aber nicht als Personen denken. Diese Engel können auch Gedanken sein, die Gott einem Menschen eingibt, z.B. der Gedanke: Da ist jemand einsam und allein. Den solltest du mal besuchen!
Gott kann auch Menschen als seine Engel verwenden, wenn er z.B. einem Menschen durch einen anderen Menschen etwas sagen läßt, oder ihm durch einen anderen Menschen Hilfe schickt. So können wir alle füreinander »Engel«, d.h. Boten Gottes sein, wenn wir einander auf das Gute aufmerksam machen, wenn wir einander zu Gott führen, einander helfen.

»Wie sieht mein Schutzengel aus?« (Chr. 3 1/2 Jahre)

Sieh mal, die Menschen wußten, daß Gott sie sehr lieb hat und sie ganz glücklich machen möchte. Da haben sie sich diese Sorge Gottes um die Menschen so vorgestellt, als ob

Gott jedem einen Schutzengel gegeben hat, d.h. einen Engel, der darauf aufpaßt, daß uns nichts passiert. Mit dem Schutzengel wollte man ausdrücken, daß Gott uns sehr lieb hat. Das wollten die Menschen nun auch malen. Wie soll man aber malen, daß Gott uns lieb hat? Sie malten dann z.B. ein Kind und neben dem Kind einen Engel. Sie wollten mit diesem Bild sagen: so lieb hat Gott das Kind, so sehr sorgt er sich um dieses Kind, so nahe ist er bei diesem Kind. Und sie malten den Engel wie einen Menschen, nur mit Flügeln. Damit wollten sie sagen: das ist kein Mensch, den wir da gemalt haben. Das soll die Liebe und Sorge Gottes für dieses Kind sein, und da Gott uns überall nahe ist, malten sie dieser Gestalt für die Liebe Gottes Flügel. Gott braucht aber natürlich keine Schutzengel, um bei uns zu sein. Er ist uns immer ganz nahe. Gott wird und kann uns aber nicht vor allem beschützen. So müssen wir schon selbst aufpassen. Auch andere Menschen sollen uns schützen. So hat er uns z.B. die Eltern gegeben. Sie sind dann auch Schutzengel für dich. Besonders will Gott uns vor der Sünde beschützen, vor dem Bösen. Aber auch da kann er die Menschen nicht immer bewahren. Er bietet uns seine Hilfe an und sagt uns, was wir tun sollen. Aber die Menschen tun doch immer wieder freiwillig das Böse. Dann läßt ihnen Gott auch ihre Freiheit.

(N. 7 Jahre, malt merkwürdige Gestalten mit doppelt großen Augen. Auf die Frage, was das bedeute, antwortet sie:)
»Das ist ein Engel. Meine Mutter hat gesagt, das sind mächtige Wesen. Niemand kann sie sehen. Können sie da nicht auch so aussehen?«

Ja, da hast du recht! Engel kann man sich vorstellen, wie man will. In der Hl. Schrift werden sie als Boten Gottes genannt. Man konnte sich nicht recht vorstellen, daß Gott den Menschen so nahe kommt, da ließ man ihn durch Boten sprechen. Und da es Boten des allmächtigen Gottes waren, stellte man sie sich auch als mächtige Wesen vor. In manchen Aussagen der Hl. Schrift kann man gar nicht mehr klar erkennen, ob ein Engel oder ob Gott selbst gemeint ist. So sehen wir, daß es gar nicht um die Engel geht, wenn man von ihnen spricht, sondern um Gott. Engel sind Zeichen dafür, daß Gott sich um uns kümmert.

»Wenn Jesus Mensch war wie wir, wieso konnte der Engel vorher schon wissen, daß Maria ein Kind empfangen wird und daß das Kind Gott ist?« (P. 8 Jahre)

Hier sieht man sehr schön, was in der Hl. Schrift die Rolle der Engel ist. Sie sollen als Boten Gottes etwas von Gott und über Gott den Menschen sagen. Gott kann natürlich auch direkt zu Maria sprechen, in ihren Gedanken. Sicher hat er das auch so getan. Die Hl. Schrift läßt aber den Engel als Boten auftreten. So konnten die Apostel den Menschen leichter klarmachen, wer Jesus nun wirklich ist. Sie lassen den Engel als Boten Gottes sagen, daß in dem Kind, das Maria zur Welt bringt, Gott zu den Menschen kommt. Diesen Glauben haben die Apostel nicht schon immer gehabt. Sie haben ihn erst später im Zusammenhang mit dem erwachsenen Jesus gewonnen und zum Teil sogar erst nach seiner Auferstehung. Diesen Glauben wollten sie den Menschen nun weitergeben. Sie sagten ihnen, daß schon in dem Kind Jesus Gott zu ihnen gekommen war. Dazu benutzten sie das Bild vom Engel. Sie ließen den Engel ihren Glauben aussprechen. So hat wohl auch Maria erst nach und nach im Glauben erkannt, wer dieses Kind war. Dieser Glaube, der als eine Bereitschaft Maria auszeichnete, der aber nach und nach durch Gottes Kraft in ihr heranwuchs, den faßt die Hl. Schrift in die Worte zusammen, die sie Maria schon bei der Empfängnis sprechen läßt: »Mir geschehe nach deinem Worte.«

14 Heilige

Aus dem Geiste Christi leben

Vorbemerkungen für den Erwachsenen

Viele Menschen haben seltsame Vorstellungen von Heiligen. Sicher kommt das auch von manchen merkwürdigen Heiligenlegenden. So gibt es ja sogar den Ausdruck vom »komischen Heiligen«. Heiligsein ist sehr ins Außergewöhnliche verlegt worden. Sicher ist die Heiligkeit auch etwas Außergewöhnliches. Es ist schließlich eine besondere Ähnlichkeit mit Christus. Christus aber ist eine, ja, die außergewöhnliche Gestalt schlechthin, weil er die Liebe Gottes in einzigartiger Weise darstellte und lebte. Insofern sagen die Heiligenlegenden sicher etwas Richtiges, wenn sie Heiligsein als etwas Außergewöhnliches darstellen. Außergewöhnlich ist aber nur der Glaube, die Hoffnung und die Liebe, die in diesen Heiligen lebendig waren. Die Art und Weise, wie sich die Liebe auswirkt und äußert, kann, muß aber nicht außergewöhnlich sein. Sie wird sich bei den meisten Menschen in den ganz gewöhnlichen Dingen des Alltags zeigen und zeigen müssen.

Heiligsein ist Nachfolge Jesu Christi, und da jeder Mensch meist nur etwas aus der göttlichen Fülle Jesu Christi in seinem Leben besonders verwirklicht, so haben wir viele Heilige. Jeder verwirklicht auf seine Weise das Leben aus dem Geist Christi. Und wir alle sind berufen, Heilige zu werden, ja, in gewisser Weise sind wir es schon, da uns Gott zu seinen Freunden berufen hat. Wir sollen nun nur noch mehr leben, was wir durch unsere Berufung schon sind.

Die Heiligsprechungen der Kirche haben nun einige exemplarische Fälle von Heiligsein herausgehoben, um sie den

Menschen einer bestimmten Zeit als Leitbild und Vorbild zu geben. Was Christus in der Fülle gelebt hat, das wird in diesen Heiligen dann für eine ganz bestimmte Situation und Zeit deutlich. In diesen Heiligsprechungen sind meist bekannte Leute auserwählt worden, oft Päpste, Bischöfe und Ordensleute. Das darf aber nicht zu der Meinung führen, daß es für sie leichter wäre, heilig zu werden, oder daß in diesen kirchlichen Berufen mehr Menschen heilig werden. Überall in allen Bevölkerungsschichten gab und gibt es Heilige, die also ernst gemacht haben mit dem Anruf Christi, und sie machen uns Mut, es auch zu versuchen. Die Heiligenverehrung so gesehen, muß auch kein Streitpunkt zwischen den Konfessionen sein; denn alle Konfessionen kennen Menschen, die das Christsein in exemplarischer Weise verwirklicht haben.

Zu diesen Heiligen gehört auch Maria. Sie gewinnt eine besondere Bedeutung durch die Aufgabe, die Gott ihr gegeben hat, und durch den Glauben, mit dem sie diese Aufgabe erfüllt hat. Es ist nicht zu übersehen, daß Maria in der Verehrung manchmal fast vergöttlicht wurde. Sie ist aber nur ein besonderes Werkzeug Gottes. In ihrem exemplarischen Glauben ist sie ein Hinweis auf unseren Glaubensvollzug. Auch Maria muß – so gesehen – nicht zwischen den Konfessionen stehen.

Fragen der Kinder und Antworten

»Was ist ein Heiliger?« (A. 8 Jahre)

(A. gibt sich meditierend selbst eine Antwort, die zeigt, daß man ein Selbstbewußtsein als Christ durchaus mit einer Selbstkritik verbinden kann:)
»Einer, der an Gott glaubt, der kann noch leben, kann aber auch schon tot sein. Zum Beispiel ich bin ein Heiliger; denn

ich glaube fest an Gott. Eigentlich, dann müßten alle Christen heilig sein, wenn sie wirklich das tun, was Christus will. Richtig gedacht ist unsere Familie dann fast heilig, wenigstens ein bißchen heilig. Manchmal sind wir aber nicht so ganz gut, na ja, ganz heilig sind wir noch nicht. Alle, die wir kennen in der Pfarrei, sind dann also auch heilig, ein bißchen heilig – oder nennt man das dann scheinheilig?«

»Was sind Heilige?« (S. 8 Jahre)

Heilige sind die Menschen, die die Freundschaft mit Gott, die er uns allen anbietet, in ganz besonderer Weise verwirklicht haben. Ein wenig können wir uns alle schon Heilige nennen, weil wir ja alle Freunde Gottes sind. Aber diese Freundschaft sollen wir durch unser Leben beweisen. Die heiligen Menschen sind Jesus Christus besonders ähnlich geworden. Sie haben etwas vom Leben Jesu Christi in ganz besonderer Weise verwirklicht. Deshalb sind sie für uns ein Vorbild. Es gab zu allen Zeiten Heilige. Auch heute gibt es Heilige, d.h. Menschen, die den Willen Gottes besonders gut tun. Aber nicht alle Heiligen werden bekannt. Einige werden in der Kirche bekannt. Die Kirche spricht sie heilig. Sie werden wegen ihrer Freundschaft zu Gott verehrt, als Vorbild hingestellt. Die meisten Heiligen bleiben aber unbekannt. Nur Gott kennt sie.

»Ist Maria – Frau Gottes?« (L. 8 Jahre)

Maria gehört zu den heiligen Menschen. Gott hatte sie sich auserwählt. Sie sollte die Mutter Jesu Christi sein. Sie sollte den Menschen Jesus zur Welt bringen, in dem Gott sich für eine Zeitlang für die Menschen sichtbar machen wollte. Maria war die Frau des hl. Josef. Gott ist ja kein Mensch, weder Mann noch Frau. Also kann er auch keine Frau haben. Er sucht sich aber Menschen aus, denen er einen Auftrag gibt, die er braucht, um unter den Menschen etwas durchzuführen. Maria war ein solcher Mensch. Aber sie bekam nicht nur einen großen Auftrag. Sie hat ihn auch gläubig durchgeführt. Sie war ganz bereit, den Willen Gottes zu tun. Deshalb verehren wir Maria auch als Beispiel für uns alle. Wir sollen alle in der Haltung leben, die die Hl. Schrift von Maria aussagt: »Siehe, ich bin die Dienerin des Herrn. Mir geschehe nach seinem Wort.«

15 Feste und Zeichen der Kirche

Den Glauben erleben

Vorbemerkungen für den Erwachsenen

Die Kirche ist die Gemeinschaft der Gläubigen, die das Andenken an Jesus lebendig erhalten soll. Sie ist hervorgegangen aus der Jüngerschar Jesu und soll in der Welt die Liebe Jesu leben und verbreiten. Das tut sie u.a. durch die Feste, die hl. Zeichen und durch all die Menschen, die eine Aufgabe in der Kirche haben. Kirche ist nicht zuerst eine Einrichtung, eine Institution. Kirche ist Gemeinschaft. Kirche ist die Gemeinschaft von Menschen, die an Jesus Christus glauben. Sie haben auf das Wort Gottes geantwortet und versuchen nun, so zu leben, wie Christus es ihnen vorgelebt hat. Sie versuchen den Lebensentwurf, den Jesus Christus uns gegeben hat, miteinander in dieser Zeit in die Tat umzusetzen. Kirche ist konkret die Gemeinde, d.h. Kirche sind die Menschen, die an einem Ort miteinander leben und den Glauben an Christus dort in die Tat umzusetzen versuchen. Sie versuchen eine Art Kontrastgesellschaft zur Umwelt zu bilden, um so eine heilende Wirkung auf ihre Umwelt auszuüben.
Diesen Auftrag hat Christus der Gemeinde als Ganzes gegeben. Der Priester darf und soll der Gemeinde dabei helfen, daß sie den Auftrag Christi richtig erkennt und besser durchführen kann. Eine Hilfe dabei soll auch die ganze Institution Kirche sein. Sie darf sich aber nicht an die erste Stelle schieben. Sie hat nur eine Hilfsfunktion. An der ersten Stelle steht die Gemeinde.
Die Kirche muß nun immer wieder die Aufgabe, die sie hat, und ihren göttlichen Auftraggeber in Zeichen sichtbar machen. Wir Menschen sind ja nicht reine Geister, sondern

Geist im Leib. Deshalb machen wir ja auch sonst unsichtbare Dinge sichtbar. So zeigen wir die Freundschaft in einem Geschenk oder machen sie in einer Einladung deutlich. So hat sich auch Gott der menschlichen Eigenart angepaßt und macht sich in einem Menschen, eben in Jesus Christus, den Menschen sichtbar. Die Kirche führt das fort, wenn sie in hl. Zeichen Gottes Nähe sichtbar macht. So feiert sie Messe, macht die Vergebung Gottes im Bußsakrament sichtbar, den Auftrag und die Erwählung Gottes in der Taufe, die Stärkung Gottes in der Firmung usw. Sie hat aber auch noch andere Zeichen entwickelt, in denen wir unseren Glauben ausdrükken. Nur was ausgedrückt wird, bleibt lebendig. So braucht ja auch eine menschliche Liebe Zeichen, in denen sie sich ausdrückt und lebendig erhält. So sind Kreuzzeichen, die Kniebeuge, Weihwasser und andere Zeichen Ausdruck des Glaubens und Mittel, ihn lebendig zu erhalten. Diese Zeichen wechseln. Nicht jede Zeit hat das gleiche Verständnis für dieselben Zeichen. Aber wenn der Glaube lebendig ist, dann wird er auch immer wieder neue Zeichen finden, in denen er sich ausdrückt; denn Kirche ist Sichtbarwerden der Freundschaft mit Gott.

Fragen der Kinder und Antworten

»Warum feiern wir eigentlich Weihnachten?« (N. 4 Jahre)

An Weihnachten feiern wir den Geburtstag von Jesus.

»Wo ist Jesus jetzt? Was macht er jetzt?«

Er hat schon vor vielen Jahren gelebt, und jetzt ist er bei Gott.

»Und warum feiern wir denn jetzt noch seinen Geburtstag, wenn er nicht mehr lebt?«

Er lebt nicht mehr als Mensch sichtbar bei uns. Er lebt bei Gott. Jesus aber war nicht nur Mensch wie alle anderen. In Jesus hatte sich Gott für eine Zeitlang für die Menschen sichtbar gemacht. Gott wollte den Menschen durch Jesus sagen und zeigen, wie gut Gott ist und wie wir Menschen miteinander umgehen sollen. Er wollte uns zeigen, daß Gott uns als seine Freunde haben will. Deshalb haben alle Menschen diesem Jesus sehr viel zu danken. Er ist ein wunderbares Geschenk Gottes an uns Menschen. Deshalb erinnern sich die Menschen gern an seine Geburt und feiern in jedem Jahr seinen Geburtstag. Und weil seine Geburt den Menschen viel Freude gebracht hat, machen wir an seinem Geburtstag einander auch Freude. Weil die Geburt Jesu ein großes Geschenk Gottes an uns Menschen war, beschenken wir uns an seinem Geburtstag gegenseitig.

»Was bedeutet Ostern? Ist Gott da auferstanden?« (O. 8 Jahre)

An Ostern feiern wir die Auferstehung Jesu. Die Menschen hatten Jesus getötet, weil sie nicht ertragen konnten, daß ein Mensch so gut war. Das war für sie ein dauernder Vorwurf. Dazu kam der Neid der Pharisäer und Schriftgelehrten. Viele Juden wollten ihm nicht glauben, daß Gott in ihm sichtbar geworden war. Die Jünger waren bei dem Tod Jesu nun sehr verzweifelt. Es schien alles »aus« zu sein, alle Hoffnungen, die sie auf Jesus gesetzt hatten. Da bekamen sie von Jesus ein Zeichen, daß er lebt. Jesus erschien ihnen, damit sie die Traurigkeit und Verzweiflung überwanden. Die Jünger faßten so wieder Mut. Sie gingen hinaus, um allen Menschen von Jesus zu erzählen.

Ostern feiern wir, daß Jesus nicht im Tod geblieben ist, daß Jesus lebt, daß Jesus nach dem Tod bei Gott ein neues Leben begonnen hat. Und wir feiern das in jedem Jahr neu, damit unser Glaube an Jesus gestärkt wird und unsere Freude, daß wir auch einmal in dieses neue Leben zu Gott kommen werden.

»Was bedeutet Himmelfahrt?« (W. 7 Jahre)

Ostern feiern wir, weil Jesus nicht im Tod geblieben ist, sondern lebt, und Himmelfahrt feiern wir, weil er wieder heimgegangen ist zu Gott, in die Unsichtbarkeit Gottes. Beides, das neue Leben und das Heimgehen zu Gott, geschah in Wirklichkeit am Karfreitag, am Todestag Jesu. Wir können aber nicht alle diese Gedanken an einem Tag erfassen. Deshalb feiern wir 3 Tage später Ostern, als die Jünger erkannt hatten, daß Jesus nicht tot ist, sondern lebt. Und ein paar Wochen später feiern wir Himmelfahrt als den Tag des Heimgehens Jesu zu Gott. Die Himmelfahrt Jesu ist natürlich kein Raketenaufstieg. Der Himmel, der hier gemeint ist, ist ja nicht der Wolkenhimmel über uns, sondern die Gemeinschaft bei Gott, also das Zurückgehen in die Unsichtbarkeit Gottes. Aber wir müssen von Gott in Bildern reden, damit wir Menschen es besser verstehen. So ist »oben« für uns Menschen immer das Wertvolle und Schöne und »unten« das weniger Wertvolle. Und Gott wurde schon im Alten Testament im Zeichen der Wolke dargestellt, die hoch oben über den Menschen schwebt. So kommt das Bild von der Himmelfahrt zustande. Damit soll gesagt werden: Jesus ist zu Gott heimgegangen, der mächtiger ist als wir Menschen. Und wir feiern diesen Tag als Freudenfest Jesu, der nach seinem Leiden die Freude bei Gott erlebt. Wir feiern es auch als unser Freudenfest, weil wir auch einmal zu Gott kommen dürfen am Ende unseres Lebens.

»Was bedeutet das Fronleichnamsfest?« (St. 10 Jahre)

»Fronleichnam« heißt soviel wie »Leib des Herrn«. Es kommt aus der deutschen Sprache früherer Zeit. »Fron« hieß damals soviel wie Herr, und »Leichnam« soviel wie Leib, also nicht der tote Körper, sondern der lebendige. Und weil Jesus ja in der Abendmahlsfeier eine neue sichtbare Gegenwart in der Welt gefunden hat, feiern wir dieses Fest. Dem Abendmahlstag selbst, dem Gründonnerstag, ist der Todestag Jesu, der Karfreitag, zu nahe, als daß man ein großes Fest feiern möchte. So tut man es nach Pfingsten. Das hl. Brot des Abendmahles kann man ja den »Leib des Herrn« nennen, weil es Jesu neuer Leib ist. So wie Gott sich sichtbar machte in Jesus, so ist Jesus jetzt für uns in der Gestalt des Brotes sichtbar. Das Brot ist der neue Leib Jesu. Und wir feiern dieses Abendmahl, die Messe, in einem eigenen Fest, weil die Messe für uns so wichtig ist. Jesus hat alles, was er uns sagen wollte, in die Messe hineingelegt.
Wir sollen es nie vergessen, daß wir Gottes Freunde sind und auch untereinander Freunde sein sollen.

»Warum nennt man einen Pfarrer Papst Johannes Paul II?« (B. 7 Jahre)

Das hast du gut gesagt. Dieser Pfarrer, den man Papst Johannes Paul II. nennt, ist ja wirklich auch der Pfarrer für die ganze Erde. So wie in jeder Gemeinde ein Pfarrer ist, der über Jesus spricht – über das, was er den Menschen gesagt und getan hat –, so tut es der Papst für die ganze Welt. Und so wie der Pfarrer mit der Gemeinde die hl. Messe feiert und auch dafür sorgen soll, daß die hl. Messe nicht nur gefeiert wird, sondern daß man auch tut, was Jesus gesagt hat, so tut es auch der Papst für alle Menschen. Er soll dafür Sorge tragen, daß alle so miteinander umgehen, wie Jesus es mit seinen Freunden im Abendmahl vorgelebt hat. Zusammen mit allen Bischöfen und Gläubigen auf der Erde soll er die Erinnerung an Jesus wachhalten. Zusammen sollen sie das den Menschen vorleben, was Jesus gesagt und getan hat, damit alle zum Glauben kommen. Unser Papst ist nun unter den vielen Päpsten, die es schon gab, der 2. Papst, der den Namen Johannes Paul trägt. Deshalb heißt er Johannes Paul II.

»Warum bezeichnen wir uns mit dem Kreuzzeichen?« (D. 6 Jahre)

Wir Menschen machen Unsichtbares gern sichtbar. Wir geben einem die Hand, wenn wir ihn begrüßen wollen, wir schenken einem etwas, wenn wir unsere Freundschaft zeigen wollen. So wollen wir mit dem Kreuzzeichen unsere Freundschaft mit Gott ausdrücken und uns daran erinnern; denn am Kreuz hat uns Jesus ja gezeigt, wie weit seine Liebe ging. Damit wir uns daran erinnern und versuchen, wie er zu leben, machen wir das Kreuzzeichen. Wir sprechen dabei: »Im Namen des Vaters und des Sohnes und des Heiligen Geistes.« Wenn wir »Vater« sagen, denken wir an Gott, der uns erschaffen hat und der uns so liebt, wie ein Vater seine Kinder liebt, der uns zu seinen Freunden berufen hat. Wenn wir sagen »Sohn«, denken wir an Gott, der uns in Jesus sichtbar geworden ist, in einem Menschen, der ganz von Gott erfüllt war, an dem wir Menschen sehen konnten, wer Gott ist und wie wir Menschen sein sollen. Wenn wir sagen »Heiliger Geist«, denken wir, daß Gott bei uns ist, an die Kraft, die Gott uns gegeben hat, damit wir ähnlich wie Jesus leben können.

»Warum gibt es evangelische und katholische Christen?«
(O. 7 Jahre)

Vor über 400 Jahren war in der katholischen Kirche vieles nicht in Ordnung. Die Menschen lebten nicht mehr so, wie Jesus das von ihnen gewollt hatte. Da trat ein Mann mit Namen Martin Luther auf. Er wollte, daß die Kirche sich wieder ändert. Aber der Papst und die Bischöfe hörten nicht auf ihn. Da trennte er sich – zusammen mit den Menschen, die zu ihm standen – von der Kirche ab. Später änderte sich die katholische Kirche wieder zum Guten. Aber nun bestand schon eine zweite christliche Kirche, die evangelische Kirche. Heute bemühen wir uns wieder, alle Christen zu einer Kirche zusammenzubekommen, weil Jesus das so gewollt hat.

»Warum gibt es Zeugen Jehovas?« (C. 8 Jahre)

Neben den »Zeugen Jehovas« gibt es noch mehrere hundert kleine christliche Gemeinschaften. Sie haben sich von den anderen Christen abgespalten, weil irgendeiner einen neuen Gedanken hatte und er meinte, den könne er nur außerhalb der bestehenden Kirche verwirklichen. So gründete er eine neue Gemeinschaft mit eigenen Ideen.

Schlußwort

Als ich dies niederschrieb, wurde mir aufs neue klar, was ich schon oft erfahren habe. Wenn man Kindern den Inhalt unseres Glaubens nahebringen will, dann muß und braucht man nicht in »Kindertümeleien« zu verfallen. Wenn man sich nur freimacht von rein lehrmäßigen, trockenen Begriffen, wenn man versucht, zur Sprache des Evangeliums zurückzukommen, dann kann man Kindern den Glauben in einer Weise aussagen, die sie verstehen. Und man braucht von diesen Aussagen auch später nichts zurücknehmen. So bestätigt sich das Wort Jesu: »Ich danke dir, Vater, daß du dies den Klugen und Weisen verborgen, den Kleinen aber geoffenbart hast.«

Register

Abendmahl 30, 74, 133
Abstammung 109–113
Adam und Eva 109, 110ff, 116, 120
Allgegenwart Gottes 34, 36f, 39f, 47f
Allmacht Gottes 36, 85, 88
Altes Testament 32, 51f, 54f, 58, 60, 107f
Apostel 28, 55f
Apostelbriefe 56
Armut 92
Auferstehung 20f, 30f, 94

Beten 23, 42, 66–71
Bibel 13, 32, 35f, 51–59, 60
Bittgebet 68f
Böse, das 32, 84, 89–92 101–105, 107f
Brot und Wein 76, 80–83, 133
Buße 49f

Christ 63
Christkind 21

Dämonen 101
Dogmen 12, 19
Dreifaltigkeit 134
Dualismus 101

Endzeit 111
Engel 121–124
Erbsünde 108f, 116
Erlösung 17–19, 32

Eucharistie 76, 80–83
Evangelium 55ff
evangelisch 134f
Evolutionslehre 106–116
Ewiges Leben 108

Fleisch und Blut Jesu 76f, 82f, 133
Freiheit, menschliche 84–86, 89–92, 101ff, 107
Frieden 80
Fronleichnam 133

Gebet 23, 42, 66–71
Gebote 59
Gemeinde 55ff, 74f, 129
Geist, heiliger 44, 134
Glauben 60–65, 66, 88, 97
Gleichnisse 57f
Göttliche Vorsehung 84f
Göttlichkeit Jesu 15ff, 23f
Gott 33–50
Gottes Allgegenwart 34, 36f, 39f, 47f
Gottes Allmacht 36, 85, 88
Gottesbild, menschenähnliches 34, 37–39, 43ff, 85
Gottesdienst 72–83
Gottes Geistigkeit 35f, 38f
Gottes Personalität 33f
Gottesvolk 54ff, 62
Gottesvorstellung der Bibel 34, 66
Gott: Vaterbild 44f, 49, 134

137

Gründonnerstag 133

Heilige 125–128
Heiliger Geist 44, 134
Heilige Zeichen 129f
Himmel 117–120
Himmelfahrt 132
Hunger 92

Jesus 15–32, 63, 130ff
Judas 28
Jünger 28
Jungfräulichkeit Mariens 19f, 19f, 27

Karfreitag 31, 132
Kirche 57, 129f
Krankheit 87
Kreuzestod Jesu 17f, 22, 25f, 88
Kreuzzeichen 134
Krieg 90f
Kommunion 76f, 80–83

Leben, Sinn des 60f, 73
Leid 84–93

Maria 19f, 27, 124, 126, 127f
Menschlichkeit Jesu 15f, 23f
Messe 72–83
Messias 25, 55
Mörder 103f

Naturkatastrophen 87
Neues Testament 51, 55–58, 60
Not 84–93

Ostern 30f, 131

Offenbarung 14, 51

Papst 133
Paradies 109, 116, 120
Personalität Gottes 33f
Propheten 54

Sakramente 129f
Schicksal 84f
Schöpfung 48, 106–116
Schutzengel 121ff
Seele 100
Sohn Gottes 16f, 134
Strafe 103f
Sünde 84ff, 107ff

Taufe 109
Teufel 101, 102, 105
Testament, siehe Altes, Neues
Tod 30, 41f, 87, 89f, 94–100
Transsubstantiation 76, 81f
  eucharistische Gegenwart

Unglauben 64f

Verzeihen 49, 99f, 105
Volk Gottes 54ff, 62
Vorherwissen Gottes 48, 90
Vorsehung 84f

Weihnachten 21f, 48, 131
Weiterleben nach dem Tod 94–100
Weltentstehung 106–116
Wissenschaft und Bibel 51ff, 57f, 106–109, 114f
Wunder 16f, 29

Zeugen Jehovas 135